白河桃子
Tohko Shirakawa

# 専業主婦に
# なりたい女たち

JN284077

ポプラ新書
049

# はじめに

安倍政権が「女性活躍推進」を重視するようになってから、新聞や雑誌にワーキングマザーの記事が載らない日はないのでは……と思います。「時短でも管理職に」「両立のコツ」など笑顔のロールモデルが誌面を飾る。「両立支援」「イクメン」「ワークライフバランス」「働き方の改革」などの文字が踊ります。

日本はすっかり「働く女性」の国になったような錯覚を覚えます。

**でも実態は6割の女性が第一子出生後に無職になっている。無職になって何をしているかといえば「専業主婦」として子育てしています。**

辞めた理由で最多の4割が「家事・育児に専念するために自発的に辞めた」です。

最近ではワーキングマザーばかりに注目が集まっているけれど、専業主婦はどうしているのでしょうか？

なぜ専業主婦に今あえて注目するのか？　それはまだ日本が専業主婦の国だから。女子大生を含め「いつかは専業主婦」になれると信じている女性たち。一度子育てをやめてパートをする「元専業主婦」もいれば、日本のかなりの女性がこれに入る。

私が出会う20代の働く女子たちは「今はバリバリやっているけれど、子どもが生まれたら会社を辞めよう」と思っている人が多い。私が教えている女子大生たちにライフプランを描かせると「いつか養ってくれる人と結婚する」と確信しているのがよくわかる。就活が辛くなると「もう婚活でいい……」とつぶやく彼女たちを「婚活のほうが大変だから」と叱咤激励して引き戻しています。30代になったら仕事を辞めて……と夢見る20代働き女子も、必死に啓蒙しています。「今の女子大生って専業主婦志向なんでしょう？」と、マスコミの方に聞かれることがよくあります。「それは今や専業主婦こそがなれないもので、働くことから逃れられないと考えるからです。誰だって希少なものに憧れますよね？」と答えますが、相手が40代の働く女性だと悲しそうな表情になります。この専業主婦をめぐる複雑な感情はなんなのか、といつも考えさせられます。

それでは、一度専業主婦になった人は次に何をしたいのか？

「今、専業主婦をしている人でも9割はいつか働きたいと思っているんですよ」リアル主婦の雑誌、「サンキュ！」の編集長が教えてくれました。

子育てで仕事を辞め、子育てをしながら、今度は働くことを夢見る。

**いったい日本女性は働きたいのか？　働きたくないのか？**

**「どちらかはっきりしろ」という感じですよね？**

でも専業主婦の再就職は厳しくて、４人にひとりしか正社員には戻れない。

「どこかに秘密結社があって結託して私を落としているのでは？」と思うほど、不採用の通知をもらうのが現実です。（『主婦が、仕事を、探すということ。』ウインズ望月恭子と就活中の主婦たち／東洋経済新報社）

共働き世帯が片働き世帯より多いと言われていますが、女性の6・5割が非正規です。日本の女性の多くが共働きとはいえ、パート主婦。配偶者控除の範囲内の年収100万前後しか働いていません。当然、夫に養ってもらっています。

日本では「一度専業主婦になること」は「一生夫に養ってもらわないと生活が成りたたない」リスクを抱えることとなんです。当然離婚や夫のリストラ、病気などのリスクがあります。65歳以上の単身女性の2人にひとりが貧困です。結婚し、子育てし、夫がいなくなった途端（離婚か死別）、あっという間に貧窮になる。日本は専業主婦という資源を使い捨てにしています。

コミックエッセイ『離婚してもいいですか？』（野原広子／KADOKAWA）では、経済力がないから、モラハラ夫との結婚生活を続け、いつか「離婚を夢見る」女性の日常を描いていますが、それを読んで「こんな女性は日本にはたくさんいる」と思いました。

そんなに働きたいなら「辞めなきゃいいのに」と思う方も多いでしょう。

私も「輝かなくてもいいから働き続けること」を推奨していますが、辞めてしまう理由もよくわかります。

「子育て」プレッシャーが重すぎるから、「子育てはしっかりと」という世間の目は母親だけに向かっています。両立可能な仕事が少なすぎるんです。

**「『産め』『しっかり育てろ』『働け』って、私に死ねっていうんですか？」**

という声も多いのですよ。


こんな厳しい要求に応えられる、ちょうどいい「働き方」がないのです。

そしてやりがいのある正規の仕事についている人なんて、少数派。高卒で非正規の仕事の女性たちが、また大卒で正規でも毎日終電で帰る疲れ切った女性たちが、「子育てしながら家にいたい」と思うのも当たり前です（非正規で妊娠と同時に「マタハラ」で、あっさり雇い止めになる人も多い）。

そして「働く女性」の先進国アメリカでは「ハウスワイフ２・０」現象などという、専業主婦の復活もあるようです。

この本では徹底的に、女子大生や「隠れ専業主婦願望」を抱える未婚女子、そして専業主婦の実態、専業主婦のリスクなど「専業主婦の正体」に迫ってみました。

「専業主婦」という言葉に伴う、何かモヤモヤしたもの。女性は養ってもらえるものという社会のモデル。それが日本女性の地位が極端に低い（ジェンダーギャップ指数１０４位）原因であり、少子化の要因であり、「女性が輝けない」原因なのではないか……そのモヤモヤに向かい合うことで、多くの女性たちがスッキリとして次のステップに進めるものと願っています。

# 専業主婦になりたい女たち／目次

## 第2章　専業主婦の〝ギリギリハッピー〟リアルライフ　87

第4章　夫のリストラ、離婚、給料カット……
絶対に知っておくべき〝専業主婦〟の落とし穴　165

# 第1章

# 20代女子の〝隠れ専業主婦願望〟のワケ

# 女性たちは働きたいのか？　働きたくないのか？

**女子大生たちの「働く像と母親像」**

「働くことは当たり前で、意味とか考えたこともありませんでした」

ある女子大で、「働くことの意味を考えるワールドカフェ」を開いたとき、ひとりの学生がリアクションペーパーに書いてきました。この女子学生の母親は「フルタイム共働き」です。**しかし、多くの大学生と接する経験からすると、このように「働くことは当たり前」ととらえている女子は少数派です。30人のクラスなら2人から4人ぐらいという感じです。**女子大だけでなく共学を含めた女子大生全般に対して、よく、「2・6・2」と言われます。バリバリ働きたい女性2割、専業主婦志望2割、6割が中間のモヤモヤ女子です。しかし「働きたい」と「働くことは当たり前」は一緒ではありません。

なぜ、「女性が働くことが当たり前」と思う学生が少ないのか？

女子大生たちの多くが５歳児のときには「専業主婦」の母親に育てられているからです。

多くの大学に出張授業に出向く際に、必ず結婚観アンケートをとっています。このアンケートでは、高偏差値の一流共学大学でも都内の中堅女子大でも、「母親はずっとフルタイムで働いている」という女子大生は２割にとどまります。山田昌弘中央大学教授の調査によると「各世代で正社員共働き夫婦は15％しかいない」ということでした。母親が「フルタイムで働く女性」だった人というのは、日本ではまだまだ少数派なのです。

私が多くの学生に接して思うのは、「働くことは当たり前」と思う女子大生は「母親がフルタイム共働き」「病気や離婚などで途中からメインの稼ぎ手が交代した」「奨学金をもらっている」などの学生です。あともうひとつ興味深いのは「母親が経済的な理由で離婚できないという愚痴をずっと聞いて育ってきた」学生でした。

この話をすると「私は専業主婦の母から、『女性も経済的に自立しなさい』と言われて育ったから働く女性になったんですよ」という人もいます。

しかし、こういう女性たちはだいたい30代後半からアラフォー世代（団塊ジュニア世代）で、この世代の母親たち（団塊の世代からその上）は「働くという選択肢がなかった」世代です。「私は仕事を続けたかったのに、専業主婦にならざるを得なかった」という恨みを抱えており、娘には「働く女性になってほしい」と期待をするのです。しかし今の20代の母親（第一次男女雇用機会均等法世代またはバブル世代）は「働くという選択肢もあったけれど、選んで家庭に入った」世代です。いわゆる「負け組」「勝ち組」という論争で言えば「勝ち組」。自分の選択は強制されたものではなく「家庭に入ること」への肯定感を持っています。だから娘の就活のときにも「どうせ2、3年で辞めるのだから、そんなに頑張らなくてもいい」とアドバイスしてしまう。

また独身のまま働き続けたバリキャリの同級生も見ているので「そんな大変

な仕事につくと結婚できなくなる」「残業が大変な総合職よりも事務職のほうがいい」と、キャリアウーマンになろうとする子どもを心配する人もいます。その思想は危険です。お母さん、お父さんに言いたい。**あなたの娘はもう、お父さんのような養える男性には出会えません。**

こうした実態を見るにつけ、やはり「働くことが当たり前」と思う女性は「働く母親」から生まれてくるのだと思います。

次世代の「働く女性とそのパートナー」の育成のためにも、今働き続けている女性は辞めないでほしい。そして「働くことが当たり前」という女性と、そのパートナーとなる男性を増やしてほしい。

**「働くことは当たり前」軸の必要なわけ**

なぜならこの「当たり前」の軸がないと、どんなに仕事に意欲的でも途中でくじけてしまうからです。例えば、やりたい仕事についてバリバリやっている人ほど、出産後「思う通りに仕事ができない」「もう自分は必要とされていないのか？」「会社に貢献できない」と悩んで辞めてしまいます。「当たり前」軸があれば、「とにかく続けよう」と頭を下げて辛い時期の葛藤をやり過ごすことができます。

また「当たり前」軸がない女性ほど「好きな仕事をしなければ」「社会に貢献しなければ」とやりたいことが見つけられず、さ迷ってしまう。入社した企業が少しでも思ったものと違うとあっさり辞めてしまう。

女性の仕事を「好きなこと」や「輝くこと」「活躍すること」という特別なものとする限り、日本で女性が働くことは当たり前にはならない。まずは「オトナなら自分で自分の分を稼ぐのが当たり前ですよね」という意識がベースにあってほしい。そんな次世代を育てるのは、今働き続けている女性たちなのです。

### 女子大生の「いつかは専業主婦」願望

これだけ女性活躍推進という言葉が先行しているけれど、実際に今の若い女性たちは働くつもりがあるのか？　アンケートの結果を見てみると、女子大生の就業意欲は決して低くありません。

実際に女子大生と話してみても、都内中堅女子大でも早稲田大学でも「早く結婚し、早く子どもを産んで、就業継続したい」と答える人が半数以上です。

もっと詳しく働き方について聞いてみます。以下の選択肢から選んでもらいました。①バリキャリで一生働く　②バリキャリで太く短く　③ゆるキャリで細く長く　④いつかは専業主婦　⑤子育てで辞めて復帰する（これはパート正規問わずです。学生には再就職のイメージが貧困なので、このあたりは曖昧です）⑥その他

（注　バリキャリ：総合職などで男性と同等に活躍すること　ゆるキャリ：事務職などで補助的な仕事をすること）

専業主婦になりたいという人はそれほどいません。女子大で20％、早稲田で5％でした。

しかし、実はこの設問はひっかけ問題なのです。「一時期仕事を辞めるつも

りかどうか」を聞いています。

例えば①③は「働き続ける」選択肢です。②④⑤は一度仕事を辞める設定です。「バリキャリで太く短く」というのは「30歳ぐらいまでバリバリ仕事をし、このような仕事はとても子育てとは両立できないので、その後は家庭に入る」という意味です。実は20代の未婚のバリキャリ女性には、この〝隠れ専業主婦志向〟が多いのです。

結果、仕事を一度辞めるライフプランの人は早稲田で9＋5＋14＝28％、女子大で7＋20＋17＝44％でした。この女性たちは「養ってくれる人が現れる」と信じているわけです。これが隠れた専業主婦願望、「いつかは専業主婦」の正体だと思います。

ちなみに、バリキャリ設定の人たちがどのようなことを考えているのか詳しく見てみました。半数近く、または半数以上が「早く結婚して早く産みたい」と答えています。つまり今のやる気のある女子大生は「まず結婚や子育てより仕事が先だろう」という会社にはいかないのです。新しいキャリア志向が出て

## 女子大生の希望　理想のライフプラン

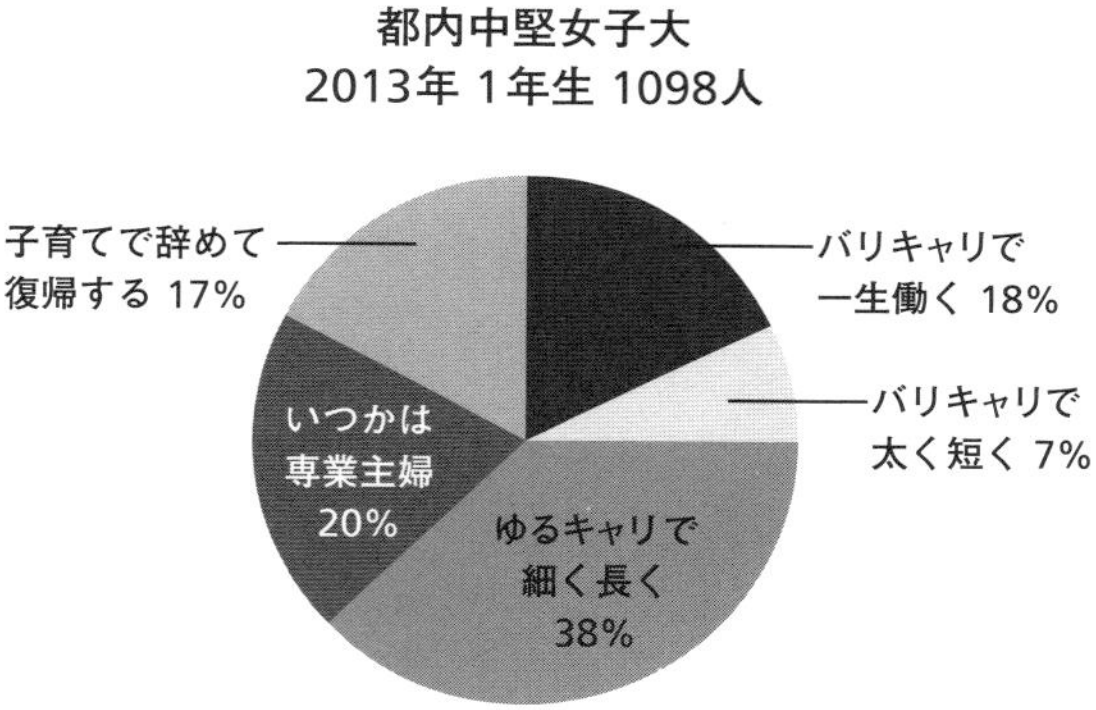


（一度仕事を辞める設定の人は7%＋20%＋17%＝44%）

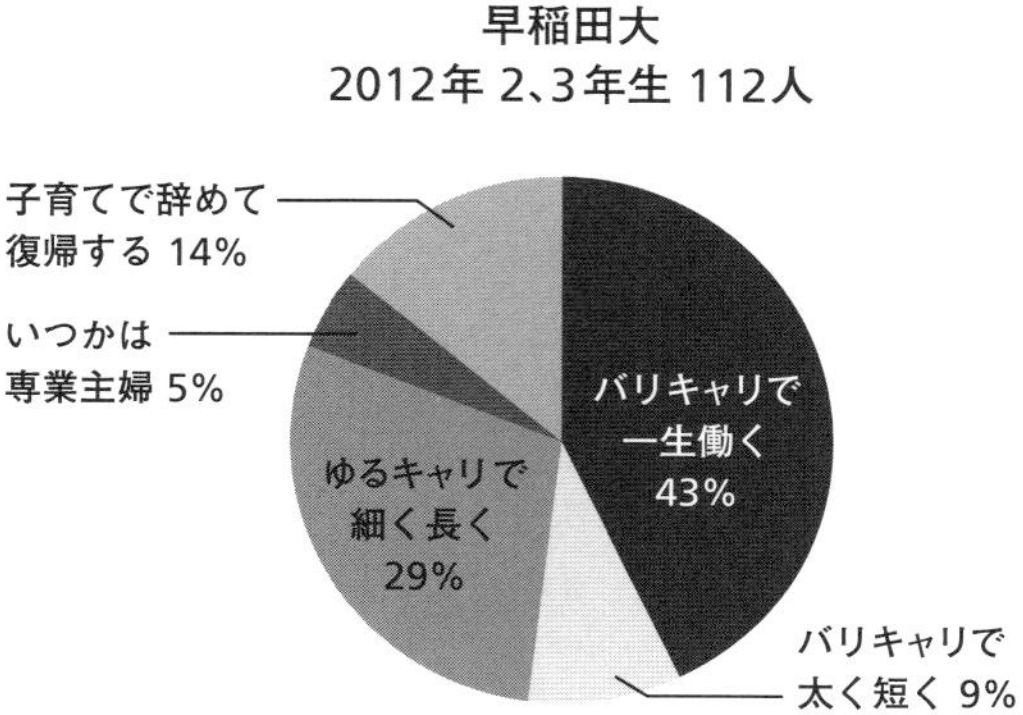


（一度仕事を辞める設定の人は9%＋5%＋14%＝28%）

きています。

山田昌弘中央大学教授によれば、それはここ10年ぐらいの間にシングルに対する意識が変化したからだということです。20年から30年前までは「家族がいることによって生じる問題」が注目されていました。嫁姑問題や、結婚＝女性の自立を阻むものだったのです。仕事の敵は結婚や子どもでした。

しかし２０００年代以降は「家族を作れない（結婚できない）」ことが問題視され始めました。特に２０１０年にＮＨＫで取り上げられた「無縁社会」「孤立死」は衝撃でした（『家族難民』山田昌弘／朝日新聞出版）。

アンケートに答えた女子大生たちの８割が「一度は専業主婦として子育てしていた」母親を持ち、ほとんどが母親は幸福だったと答えています。

「いずれ養ってくれる人が現れる」と信じる彼女たちが、一度仕事を辞めるという時期はまさに子育て期であり、それは母親像に大きく影響されています。

またもうひとつの影響は父親です。実は父親が家事育児をやる人だったかどうかは、女性の家族観、就業希望に影響を与えます。

**バリキャリで一生働きたいのはどんな学生？**

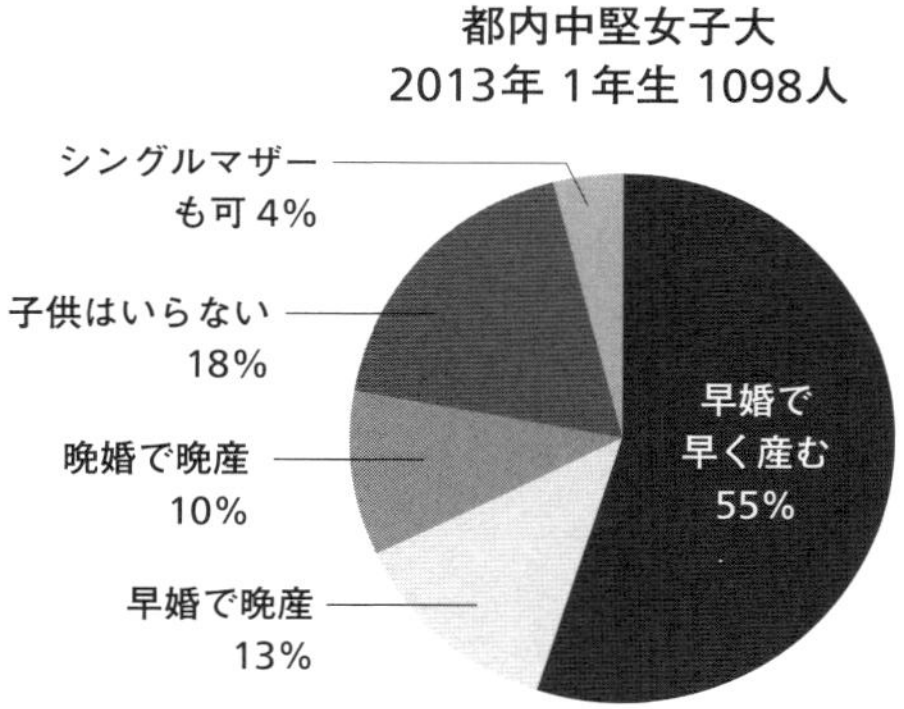


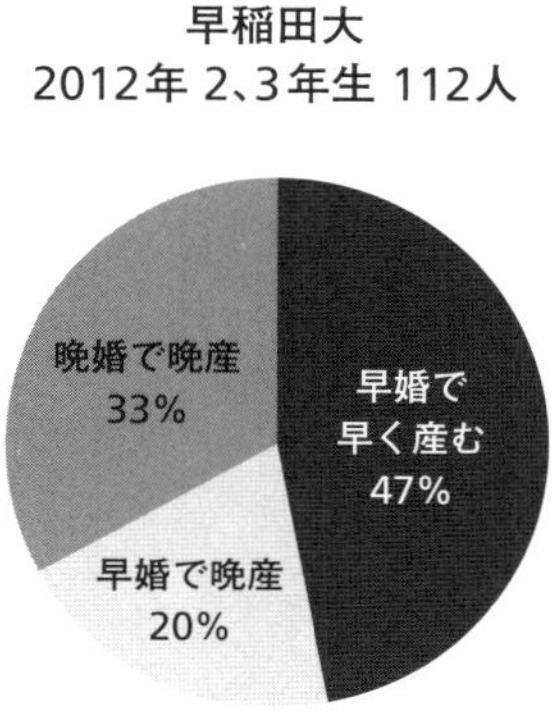

**「イクメンってテレビの中にしかいないと思っていた」**

**私の勉強会（U28 Girls' Labo）にイクメンのゲストを呼んだら、女子大生たちはみな感動して、ツーショットの写真を撮りたがりました。**みんなイクメンに会ったことがなかったのです。自分の父親は仕事人間だし、カレシもどうやら違うような気がする。彼女たちは「一緒に家事や子育てをしてくれる男性がいる」という希望を持てない。だから、仕事を続けようとは思えないのでしょう。

このアンケートだけでなく、多くの女性に接していると「まだ結婚で食べられる」「養ってくれる人と結婚できる」と信じている人はかなりの数です。大学生にライフプランを描いてもらうと「結婚して食べさせてもらっている間に子育て」という箇所が必ず出てくる。起業に成功する、社会貢献をするという夢も、「養ってくれる夫」がいてのプランです。

ケースメソッドを使ったキャリア教育の勉強会には、さまざまな大学から「仕事をやる気がある」女子大生が集まってくれました。「28歳で、カレシと結婚して転勤についていくかを迷う新聞記者」というケースを使用したところ、「仕事を辞めてついていく」という選択を迷わず選ぶ人が多く驚きました。

企業研修で講演をすると、トップ営業の20代女性が「子どもができたら辞めようと思っていたけれど、講演を聞いて考えが変わった」と答えてくれます。**つまり、私の話を聞くまでは、トップ営業のできる女性も「出産したら専業主婦になろう」としていたのです。**

「いつか養ってくれる男性が現れる」……これを信じることが「いつかは専業主婦願望」の正体なのでした。

**なぜ女子大生は「在宅ワーク」という単語に目をキラキラさせるのか？**

専業主婦になりたい、または潜在的な専業主婦予備軍を紹介しましたが、彼女たちとて、決して「一生の専業主婦」を目指しているわけではありません。5歳時点で専業主婦だった母親に育てられた彼女たちは「自分がしてもらったような子育てを子どもにしてあげたい」と望んでいるのです。彼女たちがよく言うセリフがあります。

「子どもが小さいうちは子どものそばにいてあげたい」

「お稽古ごととか、たくさんさせてあげたい」

そうするために「就活も頑張るし、仕事もするけれど、子どもができたら仕事を辞めて、ちょっと子育てに専念したい」と思っているのです。だから「子育ての間に養ってもらうだけで、専業主婦志望ではない」と自分では思っている。

しかし「子どもができたらちょっと子育てに専念して……」とはどれぐらいの期間を指すのでしょうか？　3年ですか？　それとも小学校まで？　または小学校高学年まで？

もし3年子育てして、また第2子ができたら6年間のブランクということでしょうか？

この「ちょっと」が、今の日本では、一生の年収、仕事を決めてしまうことに女子大生のうちは気づかない。

一度正社員を辞めてしまうと、その後「正社員として再就職できる人」は4人にひとりと言われています。共働きの時代、女性の就業率が上がったと言われますが、実は6・5割の女性が非正規で働き、日本の既婚女性の年収はほぼ90万から110万円の範囲に集中しています。

結婚していて、一度仕事を辞め再就職した女性で、年収300万以上になる人はわずか1割ということです（「仕事と生活に関する女性WEB調査」2011年1月／お茶の水女子大学「ジェンダー・格差センシティブな働き方と生活の調和」研究プロジェクト）。

大卒でもよほどの専門性か国家資格がない限り、仕事の流動性の低い日本では「一度子育てで無業になる」ことは、その後「年収100万前後のパート職」になることを意味します。

そんな女子大生たちを「働くことは当たり前」女子に変えるためにはどうすればいいのでしょうか？

ロールモデルの先輩女性を授業に呼ぶとき、意識して「子どもがいる30代前半までｌの人を呼びます。あまりに年齢が違う人は女子大生にとっては遠すぎる。そして独身や子どもがいず仕事をしている人は「結婚したい。子どもが欲しい」という意識が強い今の女子たちには現実的なロールモデルではないからです。

**たまにその中に「フリーで在宅ワーク」をしている人がいると女子大生たちの目がキラキラと輝きます。**「子どもが小さいうちはそばにいたい」志向の女子にとってのキーワードは「在宅ワーク」なのです。

「在宅ワーク」は決して楽ではなく、むしろ時間管理などがきちんと自分でできる人でないと難しい。また「企業にいながらのたまの在宅ワーク」ならいいのですが、フリーともなれば、時間のコントロールがきくようできかない。私もフリーの身分ですが、取材などは人の予定に左右されます。

かえって、「代わりに仕事をする人がいる」会社員のほうが楽なのではないかと思うのですが、女子大生にとって「在宅ワーク」は「子育て期」の働き方として「救い」のように思えるのかもしれません。

それでは、「子どもが小さいうちは家にいたい」と願う彼女たちのために、どんな働き方の改革ができるのか、真面目に考えてみました。

まずは安倍政権が発した「３年間抱っこし放題」という「３年育休」です。現役のワーキングマザーには「１年だって仕事に追いつくのは大変なのに、３年なんて冗談じゃない」と大変評判が悪く、トンチンカンな案として、政府のほうも誰も言わなくなりました。しかし「３年間育休があったらどう？」と聞くと、女子大生たちには「３年あれば仕事を辞めなくてもいいかも……」と、ちょっと評判がよかったのです。

本当に３年間だけ子育てでいなくても、まるでワープしたように、その３年のブランクの影響なく、昨日の続きのように復帰できれば……でも、現実はそう甘くない。３年すればビジネス環境も変わるし、上司や同僚も変わる。何よりも「３年間奥さんが家にいる」となれば、夫がそれに慣れてしまい、家事や育児をやらない習慣がついてしまいます。女性だけが家事や育児を負担する風潮がさらに進むことになります。

女子大生たちは仕事も子育ても経験がなく、長時間労働の〝昭和のお父さん〟の仕事イメージ、また保育園を知らないお母さんの子育てイメージを持っています。**女子大生たちに仕事を続けてもらうには、まずは「仕事は24時間やるのがいい社員」という働き方のイメージを変えなくてはいけません。**

多くの女性たちの声を聞くと、残業が常態化している職場の女性ほど「長い育休」や「長い時短」を必要とします。育休があければ、すぐに残業。時短を切ればすぐに残業となれば、「残業をしない」ために時短にならざるを得ない。たとえ在宅ワークで時間や場所に関係ない働き方が実現できても、在宅で長時間労働となれば意味はないでしょう。

小室淑恵さんによれば、「家で仕事ばかりしていると子どもがパソコンを嫌いになる。パソコンをあけると、閉じようとするんです。在宅勤務ができるのはいいのですが、仕事の管理が必要」ということでした。

やはり日本の企業が「定時に終わる量」の仕事を個々人に割り当て、「定時に帰る」ことが普通になり、「定時に帰る人」が時間内にきちんと成果を出した人として評価されるようになるのが一番ではないでしょうか？

「プレジデントウーマン」（「プレジデント」2014年12月7日号 別冊）の「拝啓　安倍総理大臣『働く女性からの要望書』」でも「法定に定められた労働時間を守るだけでも女性の就業率は高まるに違いありません」とありました。

そして「保育園」のイメージを「マイナスからプラスに変えること」でしょう。

女子大生たちは専業主婦のお母さんから「保育園に預けられた子はかわいそう」というイメージを受け継いでいます。多くの働く女性たちも「最初は保育園に預けることに罪悪感があったけれど、先輩ワーママたちに接することで「保育園に預けたほうが実は子どものためになるんだよ」「保育園は素晴らしいよ」「保育士というプロの存在は心強い」という話を聞いて、罪悪感が払拭されるようです。

大学の授業にロールモデルとしてワーキングマザーを呼ぶと、女子大生たちが感激するのは「仕事の話」ではありません。「子どもって人に預けてもいいんだ」「家事って手抜きしてもいいんだ」ということです。

**お母さんから受け継いだ「良妻賢母」の呪縛を解くことで、彼女たちは「いつかは専業主婦」願望から脱却できるのでしょう。**

## 「産む」×「働く」を女子に伝えること

それでは20代の働く女性はどうなのか？　私の元にくる講演依頼で最近一番多いのが「入社時はあんなに優秀だった20代女性社員が元気がない。活性化してほしい」というものです。

なぜ彼女たちは元気がないのか？　それは次の４つの理由があると思っています。

①両立が想像もできない（母親像と働く像のかい離）
②ロールモデルが凄すぎる
③どうせ産んだら男性に負ける
④子育てでいずれ辞めるかも……

今の20代女性社員も女子大生と同じく、「子育てにすべてを捧げていた専業主婦」と「仕事に24時間邁進していた昭和の夫」のハーフです。**働く像と母親像はかい離していて、両立が想像もできません。ロールモデルとして提示されるのははるかに年上で、時代も違うスーパーウーマンばかり。**等身大のロールモデルではないのです。コスパ（コストパフォーマンスの略）世代の彼女たちは無駄なことはしない。「いずれ産んだら男性と差がついて負けてしまう。今頑張る意味があるのだろうか」と自問自答する。また誰もが「子育てで辞めるかもしれない」という不安を感じています。

彼女たちの元気がないのは「働くことは必要だ」という腹落ちがないせいです。それを納得してもらえば、後は勝手に元気になる。

私が伝えるのはシンプルなことです。彼女たちに「働き続けることは無駄ではない」「働くことこそ、女性としての幸せ、結婚や子育てにつながるのだ」と伝えます。

具体的には「子どもを持っても働き続ける意味」を次のように伝えます。

・結婚ではもう食べられない
・働くことは最大のリスクヘッジ
・子どものためにも社会のためにも必要なこと
そして、さらに「産む×働く」ための4つのハードルの越え方を教えます。

幸いこの講演は、どこの企業でも「働くことへの納得感」が生まれると言ってもらえます。くわしくはぜひ前著の『「産む」と「働く」の教科書』（講談社）をご参照いただければと思いますが、「当たり前」がないまま社会に出ると、現実の仕事がハードなほど女性は悩んでしまうのです。


**女性には多様な選択肢があるとよく言われますが、私はウソじゃないかと思っています。少なくとも「働くか、働かないか」という選択肢はもうない。**

あるのは「働き方をどう選ぶか」の選択肢だけです。正社員だけでなく、パート、派遣、アルバイト、契約、フリーランス、起業など、さまざまな「働き方の選択肢」のメリット、デメリットをぜひ知ってほしい。

特に出産後の働き方です。その選び方によって、生涯年収に1億から2億円の差が出ます。「正社員事務職→子育てで退職→パート」となるだけでも、約1億5000万円以上の生涯年収の損失となります。大卒女性の総合職の場合、平均的なケースで、

・定年まで勤めると約2億8560万円
・出産で辞めてパートになると約4767万円

**その差額は2億3000万円以上となります。「子どもを自分の手で育てたい」という願望が支払うつけは大きい……日本、極端すぎるでしょう？**　何かこれを解決する政策を考えてほしいものです。この損失がそのまま日本の不景気につながっていくのではないでしょうか？

**専業主婦を誰が養うのかが問題**

あまりに女子大生たちが「子育ては自分の手で」というので、それが実現できるような政策があるのか、真剣に考えてみました。**つまり今までは「夫が養**

**うことで成立していた専業主婦」という立場を、「夫が専業主婦を養えなくなった」場合、誰が養ってくれるのかということです。**

例えば、フランスのように子育てへの手当を厚くすること。フランスのシングルマザーは基本的な子育て関連の手当のほか、厚い手当で「子どもが４人もいれば親業だけで食べていける」状態になります（この場合のシングルマザーとは婚姻をしていない人という意味ではありません。あくまで「単独で実子、または孤児を育てているケース」です）。基本の子ども手当（第２子以降、所得制限なく20歳まで支給される）のほかに、「特に負荷のかかる家族に対する所得制限のない手当」としての「家族支援手当」など、さまざまな社会保障の給付があります（「フランスの家族――新しい絆を模索する社会――」船橋恵子／家族社会学研究ｖｏｌ.23Ｎｏ.11　２０１１）。

だからといって、フランス女性の８割が働いており、彼女たちの社会への進出の意欲は決して衰えていません。フランスの女性に聞くと「あくなき自立への欲求」があります。「社会人として、女性として、家庭人としてバランスのよい人が尊敬される」とある女性は言っていました。

フランスはもともと1960年代まで非常に保守的な国で、1965年まで「妻は夫の許可がないと働いてはいけない」という法律があったそうです。またカトリックの国であり、離婚時にも非常に煩雑な手続きがありました。離婚しにくいということで非婚化が進んだりと、1970年代からの家族の構造的な変化（伝統的な家族の崩壊）が進み、出生率も低下しました。そこから40年かけて家族政策を時代にあわせて変化させ、今や2・0以上の出生率を実現できる国となりました。

しかし日本の場合、「子育て手当が豊富で親業だけで食べていける」となれば、仕事を放棄する女性が多く出そうです。

今の日本の子ども関連の支出はGDPの1％。対するフランスは3・5％と約3倍です。日本の今の子育てへの支出では、「親業だけやっていたい女性」を多数養うことは不可能です。

ちなみにフランスの家族手当を支えるのは税金だけではありません。政府から独立の「CNAF＝全国家族手当金庫」があり、各県の家族金庫があり、その財源となるのは、事業主60％、個人の一般福祉税21％、国庫11％となっています。

フランスの国民負担率は60・0％（2010年）で日本の38・5％（2010年）よりも高く、消費税が10％になるだけで大騒ぎをしている日本で、これ以上の国民負担にOKが出るとは思えません。財政赤字が膨らむ日本がこれ以上の負担をして「専業主婦の養い手」になるのはどう考えても現実的ではありません。

**つまり国家をもってしても「専業主婦になりたい」という人全員を養うことは不可能なのです。**

以前、上野千鶴子さんの講演を聞いたとき、「共産主義、資本主義、どのような経済の形態であれ、今専業主婦がやっている無償労働をすべて有償化すればパンクする」ということがわかりました。国家ですら養えない専業主婦という偉大な存在。

日本の女性は教育程度に比べまったくお金を稼いでいない。しかし家で子育てして、たくさん子どもを産んでいるわけでもない。だから少子化なのです。幻となりつつある専業主婦がいる家族という夢を支えるために、国家の屋台骨がきしみ始めている……それが現代日本の姿なのかもしれません。

## 〝そこそこ幸せ〟を目指す20代女子の実態！

**夢は「コストコで分けっこ」。20代独身女子は理想の主婦像もラク近**

「夢は専業主婦になって、コストコでお買い物してママ友と分けっこすることです」

「ｗｉｔｈ」という20代向け女性ファッション誌の企画でおこなわれた20代独身女子座談会に出席したときのことです。理想の結婚ライフについて尋ねたとき、23歳の派遣社員の女性がこう答えたのです。高収入な旦那の稼ぎでリッチな生活を望む〝昭和型の専業主婦願望〟のバブル世代から、ここまで変わったんだ！　と、その当時の私には大きな衝撃でした。

**今思えば、私が日本の〝隠れ専業主婦願望〟について強い興味を抱くように**

**なった、これがきっかけでした。**

私は2008年に『「婚活」時代』（山田昌弘共著／ディスカヴァー携書）という本を出しました。その後、婚活ブームが起こり、結婚に対する女性たちの意識が急速に目覚め、「いつか結婚できる」から「結婚したいなら行動しなくちゃ」に変わっていきました。

しかし意外だったのは、「夫にだけ稼いでもらう」昭和型結婚も終わり……と思っていたのに、婚活ブームで明らかになったのは「夫には養ってもらわないと」というような女性が多いことです。女性たちの「結婚したい」は意外と保守的だったのです。

2009年に内閣府が発表した〝家庭観〟調査では、「夫は外で働き、妻は家庭を守るべきである」という考え方に「賛成」と答えた女性は、60代（40・2％）に次いで20代（36・6％）が2番目に多くなっていました。また、私が電通総研に協力した、20代から40代の未婚女性への調査（2010年）でも、約3割が「専業主婦になりたい」とはっきり答えていました。（電通総研「独身」

意識調査2010調べ）

リーマンショック（2008年）、東日本大震災（2011年）の影響で、この時期、専業主婦願望が高まったのでは、と思っています。**この「夫は外で働き、妻は家庭を守るべきである」の20代の賛成多数は、2012年にやっと再反転しました。**

しかし、この20代女子たちの憧れの「専業主婦ライフ」は決して「旦那が働いている間に主婦友達と表参道で優雅にランチをしたい」でも「家族でハワイに行きたい」でもないのですね。しかも買い物をしたい先は、高級スーパーの明治屋でも紀ノ国屋でもなく、大型ディスカウントスーパーのコストコ。

コストコというのは、都市郊外にあるアメリカ系の大型スーパー。外資系独特のおしゃれさが漂っているだけでなく、どの商品も大量パックにして売ることでひとつひとつの単価は通常価格よりかなり安くなっているんです。そこで主婦たちの間では、近所の主婦友達と一緒に購入し必要な分ずつを分けっこする、というのが一般的になっているようです。とはいえ、これはあくまで主婦の節約術。それが20代独身女子にとって、〝夢〟にまでなっていたとは……。

さらに彼女は続けて、こんな夢を語ってくれました。それは、「結婚したらフラダンスを習いたい」というもの。「ハワイに行きたい」ではなく、「フラダンスを習うだけでいい」と言うのです。

つまりみんなたいして贅沢したいわけじゃないんですよね。「年収1000万もある男は浮気するから嫌」「あまりレベルの違う人と結婚するのは辛い」のです。わざわざ遠くまで行って、いらぬ苦労はしたくないのです。

この20代女子の専業主婦になりたい願望とは、翻訳すると「仕事したくない」「養ってもらいたい」、さらに翻訳すると「ラクしたい」のようです。身の丈以上に贅沢をしたい……ではないのですね。

現代の理想の専業主婦像は、かつて昭和妻たちが望んだ〝セレブ妻〟から百八十度変わっていました。求めるのは、昨今の人気の旅行先と同じく〝ラク近〟な生活。**今、新たに生まれつつある理想の結婚は、どうやら〝ゆるい専業主婦〟のようです。**

## 理想の専業主婦生活は〝お母さん＋優雅さ〟

「働く女性はどこにいったの?」と思う人もいるでしょうが、これは仕方のないことです。20代女子のお母さんもまた専業主婦、あるいは、子育てがある程度落ち着いてからパートに出始めたパート主婦。ほとんどの女子が、一家の稼ぎ頭はお父さん、という家庭に育ってきたのです。専業主婦の娘には〝専業主婦遺伝子〟のようなものが受け継がれている、ということです。

ただ、これが30代後半世代の女性になると、ちょっと事情が違ってきます。30代後半女子の母親たち世代は、キャリアウーマンへの憧れが強いんです。「本当は自分たちは専業主婦になんかなりたくなかった。でも私たちの時代は女性が働く環境が整ってなくて、結婚して家庭に入るしかなかった。だから仕方なく家庭に入った」という……。そこで自分たちの娘には、「あなたは頑張って働いてキャリアウーマンになるのよ」となったわけです。

でも今の20代から30代前半女子たちの母親世代は、そうではありません。結婚せずに働くか、働かずに結婚して家庭に入るか、その選択肢が多少は出てきていた。そのうえで、後者を選んできた世代なんです。だから彼女たちの母親はみな、「専業主婦で幸せだったわ」と言うし、娘たちの目にもそう映った。

ただ娘たちは、「お母さんは専業主婦で幸せだったけど、ちょっと生活に余裕がなさそうだったので、〝お母さん＋優雅〟な専業主婦が理想」と考えているようです。

**お母さんたちは、専業主婦でやってこられた最後の世代？**

ただし、この〝お母さん＋優雅〟が、それほど簡単に手に入るものではない、ということは、今の独身女性たちも薄々勘づいています。

今の20代女子の母親世代というのが、９割が専業主婦またはパート主婦でやってこられた、という最後の世代。**これからは多くの女性たちが、結婚しても正社員として働き続けるか、パートでもフルタイムパートで働かなければやっていけない時代です。**

先に紹介した電通総研の結婚アンケートでも、20代から40代独身女性の約３

割が「専業主婦になりたい」と答えていましたが、一方で「自分は専業主婦になれると思うか」という質問になると、「YES」と答えている女性はわずか9％しかいませんでした！　恐ろしく低い数字。みな、現実はわかっているのです。

誰もが専業主婦になれるお母さんたちの時代とは違い、貴重だからこそ憧れる専業主婦……。先輩キャリア女性がため息をついて「今の女子大生や若い女の子は専業主婦に憧れるんですってね」と言うたびに、「そうですよ。今や専業主婦こそなれないものですから」と答えます。

今や一家の生活を夫の収入だけで支えるのは危険。突然リストラをされるかもしれないし、給料が大幅にダウンするかもしれない。

そんなリスクがあっても、逆に震災以降、家族の絆というものを強く感じるようになり、家庭への内向き志向が強くなったのです。「夫の年収が300万円でも、やっていけるのなら専業主婦でいたい。贅沢はいらない」という方向へ意識は流れていたのです。

これほどまでに独身女子たちが憧れる専業主婦ですが、先にも述べたように彼女たちは、「親より豊かな生活を送ることは無理」ということを知っています。

憧れの主婦生活もちゃんとダウンサイジングされています。「夫が毎晩外で飲み食いをするのが当たり前」と考えていた昭和妻と違い、「夫は23時に仕事から帰ってきてもウチでご飯を食べるもの」が常識です。「お受験を頑張って子どもを私立にやる」ではなく「子どもは近場の公立学校に」になっています。

となると当然、結婚相手に望む年収もそんなに高くはなってきません。20代独身女子たちは、「ホンネを言えば相手の年収は1000万円欲しい。でも高収入の男性は浮気をするから嫌」と言うのです。つまり、いろいろと頑張っていい生活をするよりも、ラクにそこそこの生活をするほうがいい、ということ。その〝ラクでそこそこ〟生活の中には夫も入っていて、浮気されないよう頑張らなければいけない夫ではなく一緒にいてラクな夫がいい、と考えています。さらに、「50年たっても潰れない会社で働いてほしい」と望む。「高収入より安定収入」が合い言葉です。

## 働いて贅沢するより、専業主婦で〝そこそこの生活〟がいい

かといって、彼女たちは決して少ない収入でも「耐え忍んでいる」わけではありません。「家も車も」と言っていた昭和妻と違って、彼女たちは物欲もあまり強くないし、高いものが欲しいわけでもない。消費欲はありますが、方向性が違うのです。

「車はそんなに乗らないからレンタカーでいい」「家は欲しいけど、都心のマンションではなく、子育てしやすい郊外のマンションがいい」という感じです。

かつて、昭和妻たちの新婚家庭に行くと、外国製のお高いカップ&ソーサーでもてなされるのがお約束でした。平成の専業主婦は、ＩＫＥＡやFrancfrancでお気に入りのマグカップをバラバラに買う。それをお客様用としても使う。そう、カップ&ソーサーではなくマグカップがおしゃれなのです。

この違いは何を表しているかというと、平成妻たちは〝見栄を張らない〟ということなのかな、と思います。

そもそもカップ&ソーサーというのは、どちらかというとお客様用の食器。

普段、自分がコーヒーや紅茶を飲むためにはあまり使いません。つまり、自分ではなく外の人を意識した食器なのです。

でもマグカップは、どちらかというと自分が使うためのもの。「来客にもマグカップで充分」ということは、外に対して見栄を張ることよりも、「自分がかわいいと思うもの」とか「自分がそれを使ってハッピーになれる」ということが重要、そういう意識の表れだと私は思います。つまり「外向き」の幸福か「内向き」の幸福かといえば、「内向き」の幸福を選びます。20代女子にとって、大事なのは「他人」より「自分」なんですね。

無駄な見栄を張るために、頑張って働いて贅沢な生活をするよりも、そこそこでハッピーな生活ができる専業主婦のほうがいい。いや、むしろそのほうが何かカッコいい。どうやらこれが、今の20代独身女子たちのマインドのようなのです。

## 専業主婦願望の裏に、キャリア挫折体験あり

専業主婦希望女子

①キャリア挫折型

②現実・ママ追従型

③尽くしファンタジー型

それでは実際に専業主婦志望なのは、どんな女性なのでしょう？　専業主婦志望女性たちにも、たくさん会って話を聞きました。

そこで明らかになったのは、「専業主婦志望になったワケ」には、いくつかのパターンがあるということです。

まず、そのひとつは「キャリア挫折型」です。

〝そこそこハッピー〟な専業主婦願望の裏には、意外かもしれませんが、仕事への絶望がありました。

東京・吉祥寺で両親と暮らす27歳の事務職ＯＬは、こんなことを言っていました。「結婚して専業主婦になりたい。家事が好きなんです。実家暮らしだから、

ほとんどやったことはないけど」

この発言の矛盾は？　家事をやったこともないのに家事を好きだと言いきっている、という点。家事が好きだから、専業主婦志望だと思われがちですが、専業主婦志望には「家事好き」は実は珍しいのです。

多くの独身女性たちに話を聞いてみると、みな決して「家事が好き」ではないが、「家にいるのは好き」です。大抵は実家暮らしで、料理も掃除も母親がやってくれている。家事のスキルがある、という人は三分の一もいない感じでした。

「家が好き」＝「外が嫌い」なのです。

よく聞いてみれば、結局仕事が楽しくないのです。「毎日会社に行って好きでもない仕事して、その仕事がまた忙しくて、なんのために生きているのかわからない」

しかし私もOL時代（総合商社のOLから外資系秘書）を思い出せば、別に仕事なんか楽しくなかった。そのかわり、海外旅行、同僚とランチ、アフター5は合コンと、仕事以外が楽しくて楽しくて、20代は結婚なんか考えてもみませんでした。

年収300万の事務職OLは実家パラサイトなので、月に「4万ぐらいはお洋服を買う」と言います。おしゃれで、かわいい27歳です。

彼女に聞いてみました。「自分のお金を使って好きなことをするという楽しみはあるのでは?」「でも何も楽しいことがないんです」と、きれいにお化粧された顔が曇ります。

では何が息抜き法なのか聞いてみると、「ネイルケア」と答えるのです。3週間に1回ネイルケアをすることが唯一の楽しみだと。ネイルケアというのもマグカップと同様で、自分が楽しむためのもの。手は自分から一番よく見えるパーツです。そこがきれいだと、自分の気持ちが上がります。最近はルームウエアやバスグッズに凝る女性が増えていますが、それも同じ。物を買わないと言われますが、みんな「内向き」で身近な元気の素にはすごく投資をする。

**この思考の裏には、やはり外の仕事がツライ、という現実があるわけです。**

今の平成「働き女子」たちは、お気楽だった昭和「Hanako」OLのような企業の事務職正社員という仕事にはなかなか就けません。

不況で、まず就職すること自体が大変でした。そうしてやっと手に入れた仕事は、決して自分がやりたかったものではないうえ、人手不足なところに人をとるので、すごくハードです。会社は成果主義で、昭和のような「運動会」や「クラブ活動」などの仕事以外のつながりも減りました。体を壊すほど働いても、お給料も高くないし、上がる希望もない。とにかく残業が多いのです。子育て世代の30代男性5人に1人が週60時間以上働いていますが、女性の正社員総合職も容赦なく長時間労働です。

その結果、この仕事をしながら将来結婚をして子どももいる自分、というものは到底想像ができない。両立できない、と思うのも無理はありません。

専業主婦志望になる前はキャリア志向でした、という女性も何人かいました。「最初は総合職に就いてガシガシ働いていたんだけど、体がもたなくなって辞めてしまい、今は派遣社員をやっています。収入よりラクさを選びました」。これは、東京都内に住む28歳女性の発言です。

また、こんな女性もいました。彼女は26歳で歯科医の資格を持っています。歯科医なんて、ずっと働いていきたい女性にとっては最強の資格。でも彼女は、職場の同性の先輩たちを見ていると、「一生働くこと」に迷いが出てきました。「結婚してもフルに働いている先輩たちはやっぱり大変そうで。私にはとても無理そうだから、週に3日くらいのパートでやっていけるような収入の相手と結婚すべきなのかなあって、最近思うようになったんです」

独身女子たちはみな、疲れてしまっているのです。30歳を前に、働くということにすっかり疲弊している。

**「働くこと」からの逃避、社会で戦うことからの逃避も「専業主婦」という文字になれば、輝いて見える。消極的選択なのです。**

でも、彼女たちも専業主婦を実際に経験しているわけではありません。

〝専業主婦ならラクかも〟というのも、仕事に疲れきった独身女子たちの、あくまでイメージにすぎないのです。

## 自分が1000万円稼いでいても夫の収入だけで生活したい！

専業主婦願望組の中には、このキャリア挫折型の他に、現実型もいます。就職をする前から、結婚してくれそうな彼氏がいて、自分がバリバリ仕事をしてしまうと、その彼氏が転勤などになったとき、ついていくことができない。だから彼との結婚を見据えて、就職は、最初から「そこそこのレベルでいいや」というタイプの人です。

また他には、「お母さんが幸せそうだったから、私も幸せな専業主婦以外考えていません！」という、ママ追従型です。

このように、専業主婦を目指す動機はいくつかあります。が、興味深いのは、動機は違っていても彼女たちにはある共通の考え方が見られることです。それは、「やっぱり男は家族を養ってなんぼ」というもの。

独身女子たちに話を聞いていると、「自分が300万から400万円くらい稼いでいても、やっぱり相手の収入がメインで生活したい」「自分よりも収入が下の人は絶対嫌だ！」といった発言がよく出てきました。そして、「養ってもらえないなら結婚する意味がない」「そんな夫は尊敬できない」と言うのです。

これは何を表しているかというと、彼女たちにとっての幸せは、「働くにしても、辞める自由のある働き方がしたい」ということなのです。

辻希美などの人気のママタレントは、夫よりもはるかに稼いでいるはずですが、「生活費は夫の収入でやってます」とアピールしています。それが20代女子にとって「美しい、憧れの形」ですよね？

極端な例ですが、某大手マスコミに勤める27歳女性はこうも言っていました。「旦那の年収が１００万円しかなくても、まずはその１００万円で暮らす努力をしたい」と。自分には１０００万円近くの収入があるというのに、それを当てにされる生活は嫌だと言うのです。なぜなら、自分の収入はいつかなくなるかもしれない、ということが前提だから。

夫の収入は、１０００万も２０００万もなくていい。ただ、自分が働かなくてもやっていける、働く・働かないを選べる自由がある。このことが、今の20代女子たちだけでなく、日本の働く独身女性たちにとって、かなり重要なことでした。

先に話した26歳・歯科医は、現在、サラリーマンの彼氏がいるのですが、その彼に「もし僕が転職をしたくて今の仕事を辞めたとしても、君の収入があれば大丈夫だよね」と言われ、ものすごく嫌な気分になったと言っていました。また、彼に「君が働いてくれれば僕もいろいろなことにチャレンジがしやすい、視野も広がる」と言われるたびに、この人と結婚してよいかと考え込んでしまう、とも言っていました。その結果、「同業の他の男性に乗り替えようかな」ということまで考え始めています。

このように、とにかくみんな、生活の基盤が自分にかかってくることをとても恐れています。これは、自分の生活レベルが下がることを恐れて働きに出ていた昭和両立妻とは決定的に違うところです。**生活レベルが下がることよりも、働くことで生まれる拘束のほうが嫌なのです。**

## 〝旦那さまに尽くしたい〟という最後のファンタジー

では彼女たちは、自分たちが働かないことの代価として、男性たちに何を払おうと考えているのでしょう?

意外なことに、ここで独身女子たちから返ってきた答えは、「働かない代わりに夫に尽くします」というものだったのです。

私は今回、専業主婦希望の女性たちを取材していて、ある事象に気づきました。それは、彼女たちが結婚についての夢を語るとき、「旦那さんに尽くしたいんです」「旦那さんがホッとできるような家庭を作りたいんです」といったセリフをよく口にする、ということ。

結婚している女性に「旦那さんはどんな人ですか?」と聞くと、みな「夫はやさしいです」といった答えが多く返ってきました。でも独身女子に「どんな人と結婚したいですか?」と聞くと、「尽くせる人」「引っ張ってくれる人」と答える人が非常に多い! 「やさしい人」とか「誠実な人」といった答えは返ってきません。これが、既婚女性と独身女性の一番の違いだった、と言っても過言ではないでしょう。

今、30代以下の人たちは、学校で男女平等教育を受けてきています。35歳以下の男性も家庭科の授業を受けていて、料理も習っている。さらに勉強となると、学生時代は女子のほうがマジメで頑張り屋が多いから、全体的に女子のほうが優秀だったりするわけです。そういう子ども時代を過ごしてきていますから、今の20代女性たちは、「女のほうが下だ」と見下されたり、「女だから」と不当に扱われてきたりした経験が少ない。ですから当然、自分たちのほうが下だという意識もほとんどない。そうなると、男性に下に見られることに我慢できない。ところが、「自分が上」と認めた男性に対しては、簡単に一歩下がれるんです。**実は、「自分より上をいく男」はテレビの中でしか会ったことがないのですが、「そういう男がこの世のどこかにいるはず」という漠然とした憧れはある。**

でも、彼女たちは優秀すぎるゆえ、「尽くしたい願望」に見合う男性には、現実では容易に出会えません。

東京都内に住む、26歳の薬剤師の女性はなかなか彼氏ができなくて悩んでいて、合コンにも積極的に参加しているし、デートに誘われたりもしている。まったく出会いがないわけではないんです。でもふた言めには「どの男性も覇気がないんです！」と言う。

そこで「それは合コンで出会った相手だからじゃないの？　趣味の場で出会う相手だったら違うかも」と言うと、これまた驚きの答えが返ってきました。「私は学生時代からずっとバレーボールをやっていて、その延長で休日もバレーをやっている。だから恋愛目的とかの、ぬるい趣味のバレーなんかしたくないんです」

そう、彼女たちは常に120％なんです。

この薬剤師さんは、察するに、仕事もよくできることでしょう。なぜなら話を聞いていると、仕事に対する責任感も強く、それゆえプレッシャーもすごく感じているようでした。**常に頑張っているからこそ、ぬるい男は許せない！**

けなげな彼女を応援したい。でも本当は、そんなにハードルを上げてしまっている自分に気づかずに、「私の上をいく男性がいい」と思っていることこそが恋人ができにくい原因なのです。

そう、彼女たちは勉強でも仕事でも男性たちに勝ってきた世代なんです。しかも今の時代は、夫に高収入を期待することも難しい。

だからこそせめてメンタルの面だけでも尊敬させてくれるような男性に出会いたい。そして尽くしたい。これこそが、独身女子たちの結婚に対する「最後のファンタジー」です。

バブル期から団塊ジュニアまでの女性たちは、自己実現のために自分が一生懸命勉強し、働き、努力をしてきました。しかし今の20代女子たちは、「自分ではたいしたことができない」と思ってしまっている。だから、夫に尽くすことによって自分が満足したい、と言う。でもこれは、高年収の男性を求めることより難しいかもしれません。夢が小さいのか、大きいのか微妙なところです。

２０１０年に放送されたＮＨＫの連続テレビ小説『ゲゲゲの女房』が20代を巻き込んで大ヒットしたのも、そういうファンタジーが背景にあったからです。

〝水木しげる先生〟になるような覇気のある男性に、尽くしたいという……。

ただ、あのドラマは、彼が将来〝水木しげる先生〟になる、という結果がわかっているから安心して見ることができました。でも現実は逆のほうが多い。

〝尽くすに値する夫〟などというのは本当にファンタジーの存在で、将来水木先生に化けるどころか、むしろダメ夫としてどこまでも滑り落ちていく可能性のほうが高い。残念ながら、そのリスクはきちんと考えておいたほうがいいかもしれません。

## 生涯未婚でも仕方ない！　コスパ世代の男性ジャッジの厳しさ

この「尽くしたい願望」は、アラフォーから20代まで日本女性に共有されてきたもの。そして、今、20代女子の間には、この〝尽くしたい願望〟とはまったく別の選択肢も生まれてきています。

それは、「満足できる結婚相手がいなければ、一生独身でいい」というもの。

東京郊外に両親と姉と暮らす28歳の女性は、現在大学院で法医学を勉強しており、薬剤師の資格も取得しています。薬剤師は、ずっと働き続けたい女性にとって最適の資格のひとつ。でも彼女は、「あくまで夢は専業主婦になること。薬剤師の資格は、専業主婦になれる夫が見つからなかったとき、ひとりで生きていくための保険」と言います。つまり、低収入な夫と結婚して共働き生活をするくらいなら、一生独身で自分の給料は自分ひとりで好きに使って暮らすほうがいい、ということ。

しかし彼女の理想とする結婚生活というのが、かなりレベルが高いんです。昼間はスポーツジムに行って、ランチは友人とホテルバイキング。おこづかいは最低10万円欲しいなどなど……。

でもここで、「贅沢な生活を望みすぎだ！」と非難するのは違うんです。彼女はただ、自分の母親がやってきた結婚生活をそのまま自分もしよう、と考えているだけなのですから。ただ時代が動いて再生不可能になった……それだけのことです。

彼女の父親は銀行員で、お父さんをリーダーに母と姉と彼女の４人がすごく仲良く暮らしています。音楽好きで家族でよく合奏をする、とも言っていました。

結局、「専業主婦になりたい」と言い切れる女子たちというのは、みな幸せな家庭に育った子たちです。父親と母親の仲が良く、経済的にも苦労をしたことがない。

母親の幸せは娘にダイレクトに反映されるものです。母親が結婚生活を不幸だと感じていて娘にも不満ばかり言っていると、当然結婚に憧れを持ちにくくなるし、反対にすごく幸せそうにしていると「これこそが正しい道だ！」と迷いなく思ってしまうもの。だからこそ、その幸せが手に入らないなら、妥協する気はなし！　となっていくのです。

**そしてこの世代の「新しいところ」が、満足できる結婚相手がいないときは生涯未婚でいる備えがあるタイプの女子の出現なのです。**

今の20代の女子は、携帯電話をお得なプランに合わせてコロコロ乗り替えたり、何か買い物をするにしても、ネットですぐに情報収集して、どこが一番安いかなどを調べたりしてきた世代。だから、すごくコスト意識が高い。その証拠に、この世代はコスパという言葉が大好き。

そういった経験から、すごく損得勘定というものが身についている。これが買い物だけにとどまらず、仕事や結婚、さらに結婚相手の年収とか子育てにまで及んでいるようです。どのくらいの年収の人と結婚したら今の生活よりメリットがあるかとか、どんな相手だったら子育てもやりやすいか、とか。

ただ、そこで勘定しているのは損得の〝得〟のほうではなく、〝損〟のほうです。そう、彼女たちはリスクをすごく計算するんです。

でも今は、昔みたいに収支の合うような結婚ばかりができるわけではありません。一家を養えるほどの収入がある男性は少ないし、右肩上がりの年収も終身雇用も危ない。

仮に今は高収入でも将来はどうなるかわからない。収支の合わない結婚もいっぱいあるから、そこは自分で収支を合わせていくしかないんです。

これからの時代に専業主婦になりたいという人は、家計のマネジメント能力が必要不可欠ですが、まだまだ彼女たちはピンときていないようです。その証拠に「家計は自分で握りたくない」という女性も多いのです。現状のところは、「こんな男をつかんでしまったら大変だ！」と「損」のほうに敏感な程度と言えそう。経済力を結婚の条件にすると、専業主婦になれるとか、そんなこと以前に、結婚そのものができなくなってしまう時代。反対に結婚できる人というのは、夫の収入をあまり気にしない人、「2人で働けばいいや」と見切った人が大半になっています。

イクメンをどう思うか聞いてみたところ、妥協する気がない独身女性たちはみな、「イクメンはいらない」とバッサリ斬っていました。先ほど登場した28歳の大学院生は極端で、「イクメン夫はいらない。子どもと遊んでいる暇があったら外で稼いできてほしい」とまで言いきるほどです。妥協しない派の女性は結構、潔いのです。

## 妥協はしないけど、ガマンはする!?

このように、結婚相手に尽くしたいファンタジーを求めたり、妥協するくらいなら生涯未婚でいい、と言ったりする女性たちには、ほとんどと言っていいほど彼氏がいませんでした。なぜなら、尽くしたい女子たちは相手から告白してくれるのを待ちますが、今の男子たちは草食化していて、待っていてもなかなか告白をしてこないから。また、彼女たちは、ちょっといいなと思う男性がいても、年収が６００万円以上ない時点で「見切って」しまい、その先へと進まない。でも現実を見れば、年収６００万円以上の未婚男性はわずか５・７％です。４００万円以上でも25％です（明治安田生活福祉研究74号「日本の未婚者の実情と婚活による少子化対策の可能性」２０１０ 山田昌弘）。

それだけでなく、「できれば東京に住みたい」「相手の年齢は同い年か3歳上くらいまでがいい」などと、その他の項目においてもけっこう妥協がありません。

では今、〝専業主婦になれそうな彼氏〟がいるのはどんな女性たちなのでしょうか。それは「全部は取れない」とわかっている人たちです。

都内の大手総合商社の総合職として働く24歳の女性は、現在、弁護士を目指して勉強中の彼と付き合っています。彼女は彼が弁護士試験に受かったら仕事を辞める気でいて、彼が試験勉強に打ち込めるようにとマッサージをしてあげるそうです。

ここで私は、少しイジワルな質問をしてみました。「だけど彼が弁護士になってモテて浮気したらどうしますか?」と。すると彼女はこう言ったのです。「顔が悪いからモテないと思います。本当にブサイクなんです(笑)。でも、性格は好きなんです」と。弁護士の妻になるために外見は諦めるという、ちゃんと堅実な選択をしているんですね。

東京都内で両親と暮らす27歳の事務職OLさん。彼女は最近、合コンで出会った国際弁護士の男性と結婚を見据えたお付き合いをしているのですが、この相手というのが38歳。かなり年上です。そしてこの女性も、「今までの彼とは性格が合わなくて別れてきたけど、今の彼は条件がいいから、ちょっとくらい合わなくてもガマンしようと思う」と言っていました。顔と年齢は一番の妥協のポイントでした。

26歳の派遣社員の女性は、38歳という年上の公認会計士と付き合っています。そして、「彼にすべて合わせている」とキッパリ！　例えば、彼の時間が空いたときに会えるよう残業のない派遣社員になったし、友達との約束も入れない。彼が日用品にはものすごくケチで「肌の荒れそうな安もののボディソープを使うのがすごく嫌」なんだけど、文句は言わない、など健気なほど彼に合わせて暮らしています。

本気で専業主婦になりたいと思っている女性たちは、「自分も働く」という妥協はしないけど、ある程度何かを諦めることで実現に近づいていました。そもそも、収入がいい男性というのはそれだけ働いているわけですから、家事や育児を手伝っている暇なんてありません。もしくは、ある程度稼いでいる男性というのは、年齢がかなり上になってくる。だから、最近は20代女子と40代男性という「年の差婚」が流行るのです。

若いうちは、年収も低いうえに忙しいのが普通です。また、外見がいい男性はモテるから浮気をする可能性が高いし、「俺についてこい」と引っ張ってくれるような男性は、男尊女卑であまりやさしくなかったりする。夢がないかもしれませんが、それが現実です。

そう、当然ですが全部は手に入らないのです。

**昔は誰もがなれた専業主婦ですが、今は「専業主婦を続けること」にこそ特別な才能が必要な時代と言えます。**

〝将来のリスクを計算しない〟〝物を欲しがらない〟〝すべてを求めない〟。もし幸福な専業主婦になる条件があるとすればこの「3ない主義」です。結婚前は「相手の年収にこだわらない」も「ない」のひとつです。結婚後はさらに「3ない主義」に徹して、現実のリスクを見ないようにすれば、「今の幸せ」は手に入るかもしれません。だけどやはり、そうやって幸せに浸っている間にも世の中はどんどん変わっていく。ずっと両目をつぶったままではいられません。目を開けたら崖っぷちだったというケースがいかに多いことか。

既婚者の旦那さんが一様に「やさしい」のは理由があります。彼女たちも、最初からやさしい男性を好きだったかというと、そうではないのです。聞いてみると、結構な割合の既婚女性たちが、旦那さんと付き合う前は、それこそ高収入だったり「俺についてこい」と言ったりするような男性と付き合った経験がありました。そういう男性と付き合ってみて、「どうもこの人とじゃ結婚は無理だな」と痛感した。その結果、「次の彼は結婚を考えられるような違うタイプを選ぼう」となっていったのです。やはり、いろいろな相手と付き合って段階を踏んでいかないと、なかなか自分にフィットする結婚は難しいものです。

今、結婚までにお付き合いする人数は平均「4・2人」。つまり、3人と付き合って、4人目が結婚相手……。学生時代の彼と別れて、社会にでて次の彼かその次の彼……という感じでしょうか？　実際に付き合ってみないと、この人はダメだなとか、こういう点は妥協できるな、といったことがわからないですから、結果4人目ぐらいがいいのでしょう。

ところが、なかなか彼ができない！　と嘆く今の独身女子たちは、「向こうからちっとも押してこないから私に気がないんだ」「年収が低いから無理」などと、あまりにも見切りをつけるジャッジが早い。付き合うところまでいかないから、理想と現実のギャップが一向に埋まっていかないようです。

今の世の中、確かに女性には厳しい環境です。「働いて、子どもを育て、家事をやって、夫を支える（または育てる）……そんなこと無理!?」とあきらめたい気持ちもよくわかる。でも、じゃあ「私はラクチンな専業主婦で」となるのはちょっと待ってほしいのです。

コラム1
専業主婦とキャリア

# 子どもを持ったキャリア女性の選択から、ウーマノミクスの可能性を探る？
# 高学歴専業主婦のリベンジ

「私の同級生、どんどん専業主婦になっているんですよ」

そう話してくれたのは、30歳の東大出身、会社経営者の女性です。理系出身ということもあり、同級の東大女子はみなふさわしい会社に就職した。キャリアウーマンとして期待され、男性と同じお給料を稼いでいます。しかし、そんな同級生たちが30代の子育て期を迎え、どんどん会社を辞めているというのです。

そんな女性たち共通のセリフが「自分が育てられたように丁寧に子育てしたい。お稽古ごととかたくさんさせてあげたい」。

東大女子とはいえ、いや、東大だからこそ、彼女たちの母親は専業主婦が多い。私がとっているアンケートでは、都内中堅女子大も早稲田大学も「小さい頃は母親が専業主婦で家にいた人」の率は8割。なぜなら女性の教育に投資する家庭ほどお金持ちが多いからです。東大女子は東大男子よりも「所得の高い階層からきている」というデータもあるそうです。丁寧な子育てをされて育った高学歴女子たちが、「子どもにも同じ環境を」と望むのも無理はない。

また高収入（妻は働かなくても良い）になりそうな男性と出会いやすい環境という要因もあります。日本では高学歴女子ほど実は専業主婦になりやすいのです。当然男性たちは全国転勤、海外転勤の可能性がある。もし転勤となれば、どちらが辞めるか……日本の家庭にはその家庭なりの「ガラスの天井」があるのです。

もし育休後に復帰したとしても、そこにまた高学歴女子を離職させるハードルがあります。だいたい育休後の女性は4タイプに分かれます。①まったく減速せずにキャリアの道を邁進する　②もっと仕事をしたいのに、不本意な部署や仕事を与えられ、不満　③意識的に子育て中は仕事をセーブする　④キャリアに野心がなく、マイペースに制度を使って両立する

高学歴ママは②タイプになると、モチベーションを保てず仕事を辞めます。子育てにも仕事にも理想があり、「本当に子どもを預けてまでやる価値のある仕事だろうか？」と悩み、離職するのです。さらに子どもが小学校高学年以上になると、子どもの勉強をサポートする目的で辞める人もいます。

女性の6割が第1子出生後、常勤の仕事から離脱するというデータがありますが、退職した理由を見ると、39％が「自発的に辞めた」、26・1％が「続けたかったが両立の難しさで辞めた」となっています。この26・1％の内訳をさらに見ると①勤務時間があいそうになかった（65・4％）②職場に両立を支援する雰囲気がなかった（49・5％）となっています。

彼女たちが辞めてしまうのは長時間労働と、制度はあっても「風土がない」企業文化のせいです。そして、「昭和の専業主婦の母親」という子育

て像と、「すべてを仕事にかける父親」という働く像が、彼女たちの中で、まったく一致しないからです。実際に「夜7時からの会議」が常態化している企業では、いくら両立支援があっても女性がキャリアを継続することは難しいでしょう。

かくして、日本には高学歴なのに専業主婦という女性が山のように誕生するわけです。

さて、それでは退職し高学歴専業主婦となった女性はその後どうなるのか？　試算では、総合職女性が途中で退職すると2億円以上の損失。家庭に入った彼女たちは、二億円分の能力を子育てに費やします。

先日NHKの「金曜ｅｙｅ」で在宅ワークをしたい主婦を取材していました。仕事を求める人たちの求人情報を見ると「元は大企業の社員」「フランス留学経験あり」、中にはTOEIC950点以上という人もいました。

こんな人材が家の中にいて子育てに専念するのです。素晴らしいとは思いますが、この環境が子どもによく作用するか、悪く作用するかは、父親の関わり（子育てをしている母親に感謝と尊敬を持って接しているかなど）、母親のパワーや母親への満足度次第でしょう。

友人は当然のように子どもができて専業主婦になろうとしたら、夫に言われたそうです。「お願いだから、何かやって。君の能力の全部が子どもに向いたら、子どもが大変すぎる」

彼女は納得し、今は子育てをしながら、政府のアドバイザーなどの要職も務めています。

子育てだけで手いっぱいという人もいれば、パワーが有り余っている人もいる。私は能力があってパワーがある女子学生が「専業主婦になりたい」というときは、彼女の話をして翻意をうながすようにしています。

「母親の、『あなたにすべてを捧げている』という態度がプレッシャーだった」という友人は、今はバリキャリの3児の母となっています。やはり母親が本当に自分が選び、その生き方を楽しんでいるか、それがポイントになってくるのでしょう。

お稽古ごと、塾への送迎。子ども中心に回る彼女たちの生活は優雅に見えても、結局自分の時間はかなりの細切れです。そのような細切れ時間に対応できるちょうどいい仕事がない。社会に復帰したいと焦っても、細切れの午前中3時間などの仕事で、もとは総合職として働いていたような女性が満足できるでしょうか？

ある程度子育てが一段落しても、高学歴主婦が働くには高いハードルがあります。それは「プライドに見合う仕事がない」という現実です。東大卒主婦の言葉が忘れられません。

「私たち、近所のコンビニやスーパーでも雇ってもらえないからね」

例えばパートの応募書類に「東大卒」と書いてある女性を雇いますか？多分NOです。いわゆるオーバースペックなのです。

彼女たちが再び社会に出るとしたら、しかるべき職を探さなくてはいけない。

どんなに高学歴でもブランクが10年以上あると、国家資格の持ち主以外は、ほとんどがパート、年収100万前後しか稼げない女性となるのが日本の現実。専業主婦制度は「年収100万女性」を量産する恐ろしい仕掛けだと思うこともあります。困らなければいいのですが、子育てを終え、夫と死別・離別した65歳以上の女性の2人にひとりが「相対的貧困」に陥っているところを見ると、やはり戦後の専業主婦政策は失敗だったのでは……と思わざるをえません。

そして今、ウーマノミクスの追い風で、高学歴専業主婦たちの逆襲が始まっています。

専業主婦の社会復帰を助けるセミナーやNPO団体などが山のように出てきています。そのような講座に行くと「溜まりに溜まったパワー」を感じます。同時に「ブランクがあって復職に自信がない」「本当に子どもを預けて働いてもいいのか?」という不安もあります。複雑な感情がせめぎ合う彼女たちに「自信」や「あなただけじゃない」という安心感を与えるためのつながりが全国各地に誕生しているのです。

専業主婦で何かしたい人のためのマーケットは確実に存在します。しかし学ぶ場所ばかり盛んで、その後実際に大量の雇用先があるわけではないところが今後の課題でしょう。

なぜ、高学歴専業主婦のための就職先がないのか？　それは彼女たちが「企業で24時間仕事に捧げて働きたい」と本音では思っていないからです。

彼女たちの理想は、できれば「子育てしながら起業する」ことでしょう。かつては専業主婦雑誌と言われた「VERY」の読者の5割が正社員です。「VERY」には「ママCEOの起業ビジョンボード」という記事が載り、主婦のプチ起業を支援するイベントなどをやると6000人が集まるということです。

かつての「サロネーゼ」(自宅でお稽古サロンをやる主婦。実は赤字のサロンをすることがステイタス)とは違い、今の主婦たちはそれほど経済的な余裕がないからこそ、稼ぐことにも真剣です。そして「自分の選んだ働き方で働きたい」と思っています。

ある東大卒女性が小学生対象に「東大卒ママが放課後子どもを預かり宿題をみる」という塾を起業しました。それを見た同級生（海外で投資コンサルをする東大女性）が「ビジネスとしてまわるように仕組化」してくれたそうです。「フランチャイズでもいける。同級生はたくさんいるから、これを本業にしようか」という話も出たそうです。

こんな風に横のネットワークを生かせる高学歴主婦は強い。起業したい主婦たちの相談を受けるとだいたいたい「主婦のキャリアカウンセリングがしたい」「安全な食材を子どもに食べさせたい」「子どもを安心して安価で預ける場所が欲しい」など、自分の主婦としての悩みがネタ元となっています。スウェーデンのように、「女性が働かざるを得ない社会」になると、両立する女性を支援する仕事が活況になります。ビジネスのヒントは彼女たちの専業主婦としての日々にあります。

自分が悩み苦しんだ日々を糧に起業して成功したい。それが高学歴専業主婦たちにとって、子育てする自分を受け入れてくれなかった企業社会へのリベンジであるのかもしれません。

（「マーケティングホライズン」2014年7号）

# 第2章

# 専業主婦の〝ギリギリハッピー〟リアルライフ

専業主婦をとりまく状況の移り変わりと、女子大生や専業主婦願望を持つ未婚女性たちの声を聞いた後は、実際の平成主婦たちが、どんな生活を送っているのか、専業、兼業、パートなどさまざまな20代から30代主婦たちを訪ねてみました。

## 三世帯同居！〝ネオ渡鬼主婦〟の現実

**咳ひとつも気軽にできない！　同居生活の想像を絶する大変さ**

結婚といえば、ついてくるのが相手の親。親と同居をすれば家賃などは浮きますが、それ相応の気苦労もついてくるもの。だから最近は、結婚早々から親と同居する夫婦は本当に少数派。そんな現代に、夫の親だけでなく、夫の祖父母も一緒の、渡鬼一家のような三世帯同居をしている主婦がいる！　と聞き、さっそくインタビューに行きました。

彼女が住んでいるのは東京都心からすぐの埼玉県さいたま市。義父母、義祖父母に気をつかってか、ご自宅にはお邪魔することができず、駅ビルのカフェでお話をうかがうことになりました。そこに、小さな体で子どもを2人抱えて来てくれたのが、専業主婦の高橋みずきさん（仮名）。

「三世帯同居、どうですか？」と聞くと、しばらく考えた後、絞り出すように「3年たってようやく慣れました……」と答えられたのが印象的でした。その様子では、まだまだ問題は多そうです！

高橋さんは短大を卒業して、北関東の小学校で事務員をしていました。そこでは出会いがまったくなかったので、ネット婚活で、今の夫と知り合ったそうです。

結婚して最初の2年間は、都内にある夫の会社の社宅暮らし。でも、結婚前から「うちは長男が実家に帰る主義の家だから」と言われていたそうです。

夫の実家は文具店を経営しています。とはいえ夫は会社員として就職していて、文具店を継ぐ気はまったくありません。高橋家自体も、別にご大層な家柄でもなく、夫が実家に戻らなければいけない理由はとくにないのです。ただ夫の頭には「長男だから実家で暮らす」というのが当たり前のようにインプットされていました。

結婚前から言い含められていたためか、高橋さん自身も夫の家に入る覚悟は自然とできていました。「友人には『偉いね』と言われていたのですが……、私も最初は気楽に考えていたんです」という高橋さん。いざ始めてみると、これが想像以上に大変だったようで……。

三世帯同居といっても、高橋家の場合、玄関から別の三世帯住宅というわけではありません。普通の一軒家で、3階にある2部屋を夫婦が間借りして住んでいる状態。ですから、お風呂、トイレやキッチンはすべて共同です。当然、高橋さん夫婦の生活は筒抜け。咳をひとつしただけでもお義母さんやおばあちゃんから「風邪じゃないの？　早く病院に行かないとだめよ」と気遣われます。

「不機嫌な顔をしているとすぐ心配されるので、自分の部屋を一歩出たら常に笑顔でいないといけない。それが何より辛いんですよね」

淡々と言う高橋さんですが、すでにその生活も3年です。

いざ生活してみると細かい食い違いが気になるもの。高橋家は洗面所に小さいタオルをたくさん積み重ねておいて、それをみんなが上から使っては洗濯機に放り込んでいく、という生活スタイル。高橋さんは几帳面な性格で、このタオルのたたみ方が実は気に入らない。そこでコッソリ自分で全部たたみ直すときもあるのだとか。

洗濯物も、本当は自分たち家族のものと、義父母や義祖父母のものとを分けて洗いたいと思っていました。なぜなら子どもがまだ小さく、皮膚にやさしい洗剤を使いたかったから。

「私たちの洗濯物は別に洗わせてください」

この一言が、どうしても言えない。夫に相談したら、「お母さんに相談してみれば？」と言われ、お義母さんに相談する。そこでまた「おばあちゃんに相談して」と言われ、義祖母に相談し、ようやく洗濯物を分けられるようになったそうです。商売をしているので、ざっくばらんな家なのですが、洗濯の相談ひとつに関しても、家の中のヒエラルキーを守らなければいけないのが同居というものです。

## 主婦にとって、夫の家に入ることのメリットはあるのか？

ではこれだけの我慢をしてまで同居することにどんなメリットがあるのでしょう？　やはり真っ先に浮かんでくるのは、「お金」。

高橋夫婦の家計はどうなっているかというと、夫の手取りは月約30万円。このうち20万円が高橋さんの管理する生活費口座に振り込まれ、残りは夫のおこづかい。結婚以来給与明細を見たことは一度もない。この20万円から2万円を夫の家に生活費として渡し、あとは駐車場代や車のローンや子どもの服、そしてその他生活に必要ななんやかんやに使っていると、ほとんど残らず、貯金にまわせているのは毎月1万5000円だけ。同居のおかげで楽ができているかといったら、そうでもないのです。ただし、夫のほうは潤沢なようです。なんせ、毎月10万円がまるまる自分のおこづかいになるわけですから。実際に、飲みに行く回数も週の半分ぐらいと、けっこう多めでした。

金銭的メリットがなくても、同居なら義父母やおじいちゃんおばあちゃんに子どもの面倒を見てもらえるのでは？　そう思ったのですが、それもまったくないとのこと。高橋家はずっとおばあちゃんが食事を作っていたのですが、体を悪くしたこともあって、昨年からは高橋さんと義母が代わりに作るようになりました。お義母さんは働いているため、食料を買い出しにスーパーへ行くのは高橋さんの役目なのですが、おばあちゃんは体が悪いのでその間子どもを見てもらうことはできません。そこで自転車の前と後ろに子ども２人を乗せて、買い出しに出かけています。

「これはどこで買ってきたの？　あら、キャベツはこっちのスーパーが安いよ」

三世帯分の食料と子ども２人を積んでよろよろ自転車で帰ると、必ずおばあちゃんのチェックがあります。ネットスーパーなんてとんでもない。高橋さんにしてみれば、子どもを連れて行くだけで大変なので、買い物はひとつのスーパーですべて済ませたいのが本音です。

一方、面倒は見てもらえないけど、おじいちゃんおばあちゃんは子どもにお菓子を安易に与えたりはしてしまう。そのため子どもが夜ご飯を食べなかったこともあった。そこで「お菓子をあげないでください」とお願いしたところ、子どもに向かって「ごめんね〜、お菓子禁止令が出ちゃったの」とこれみよがしに言われてやりきれなくなった。

ちょっと話を聞いただけでも、これだけの我慢をしながらの同居生活です。

**同居を我慢できる最大の理由は〝学歴上昇婚〟にあり**

さて、みなさんも薄々おわかりだと思いますが、この同居で一番得をしているのは誰なのでしょう？　そう、夫なのです。

家賃を払わなくていいから、妻に20万円を渡しても、まだ自分の使える分がたっぷり残っている。しかも家には女手が多いから、家事を一切手伝わなくても文句を言われることがない。それどころか、大事な長男としてチヤホヤしてもらえるのですから、言うことなしでしょう。つまり、妻子を手に入れ、まったく独身時代と同じ生活をしているわけです。

とはいえ、こんな我慢をしてくれる嫁はそう簡単には見つからないもの。専業主婦座談会に来ていた都心のOL女子たちは、「そんなの無理！」と一蹴することでしょう。ネット婚活で地方の控えめなOLを見つけた夫は果報者です。

地方育ちの女性は、まだまだ家を継ぐとか夫の親の面倒を見るとか、当たり前のように周囲がやっているので、抵抗が少ないのだと言います。実際に高橋さんも、「自分の両親は、兄が近くに住んでいるので、兄が面倒を見てくれると思います」と実家の心配はしない。つまり、長男が親の面倒を見るのは当たり前、と思っているのです。そして自分も「介護する覚悟はあります」ときっぱり。

こう聞くと、夫にばかりメリットがあるようにも思えます。でも高橋さんも、**この結婚にはある大きな満足があるのです。それは、夫が誰もが知っている一**

**流国立大を出ていて有名企業に勤めていること。高橋さんの友人に、こんな結婚をしている人はいません。この結婚は〝学歴上昇婚〟なのです。**

彼女が夫と付き合い始めたとき、夫はまだ大学生でした。2人は同い年ですが、短大卒の彼女のほうが先に社会人になっていたため、デート代はすべて彼女が払っていたそう。

「でも、（結婚したことで）モトは取ったと思います」

耐える女性に見えて、高橋さんにも、密かな「損得勘定」があったわけです。多分、夫の学歴や会社に密かな満足を抱いている限り、高橋さんにとって、この結婚は、どんなに同居が大変でも続ける意義があるのです。

夫の金遣いが荒くても専業主婦でいられるのは、やはり同居のおかげで家賃がいらないから。そこで彼女は、「今は少しずつでも貯金をする」と割り切っている。お金が貯まれば、子どもの学費にかけられるし、いずれは好きなスーパーで好きな食材やアトピー用の洗剤も自由に買える。何よりも夫は今どき希少動物のような安定収入の一流企業サラリーマンです。高橋さんは、結婚生活をすごく長期的展望で見ているのです。

私が思うに、最後に笑うのはこういう女性ではないでしょうか。将来は自分たちがこの家をもらい、お金に余裕もあるから好きにリフォームをして優雅に暮らすことができるでしょう。「今は好きなインテリアとか、考えちゃいけないんだなと思ってます」という高橋さんも、最後に一気に花開くわけです。

ただし、そこへたどり着くまでには膨大な時間と犠牲を払う必要がある……。

専業主婦志望という都会育ちの働き女子たちに、この真似ができるとはとても思えないのです。

## ゆるいけどリスク管理能力は高い期間限定〝ゲゲゲの女房〟

**愛の巣は、クリエイター系憧れの都会の穴場ワンルーム**

「本当にこんな古びた雑居ビルにイマドキの若い夫婦が住んでいるんだろうか？」

住所を聞いて訪ねていった先にあったのは、古い昭和のビル。一階には飲食店が入っており、どう見ても住居用というよりは雑居ビル。入り口も狭く、訪問先の部屋は5階だというのにビルにはエレベーターもない。薄暗い階段をトントンと上がっていきながら、本当にここ？　と不安になりかけていると……。突如、目の前に、ポップな黄緑色に塗り替えられたカラフルなドアが！　そしてその古い鉄製のおしゃれドアを押し開けると、そこだけはインテリア雑誌そのままのおしゃれ空間が広がっていたのでした。

本棚の前に飾られている中古のギター（妻は昔、ガールズバンドを組んでいた）。さりげなく壁に立てかけられたサーフボードと、天井から吊るされたウェットスーツ（夫の趣味）。さらに、東京・新宿からすぐ近く、駅からも徒歩1分という繁華な場所にありながら、部屋には大きな窓があり、その窓向こうには高いビルがほとんどないので抜け感もしっかりある。それも含めて部屋のインテリアのひとつ、という感じで、ちょっと古いですが、かつて一世を風靡した木村拓哉と山口智子のドラマ『ロングバケーション』の世界。まさにあの2人が暮らしていた、おしゃれ穴場雑居ビルそのものの雰囲気が漂っていたのです。

そこに暮らすのは、自宅でWEBデザインの仕事をしている松田冴子さん（仮名）。結婚前はデザイン会社の社員として働いていましたが、結婚を機に会社を辞めてフリーになったそう。「おうちが大好きで、おうちで仕事をしたかったからフリーになった」と言うだけあって、部屋の中は、自分で改装したキッチンや趣味のＬＰレコード棚など、こだわりの要素がたくさん見られました。しかも今は妊娠中で、すべてが理想どおりにいっている、という幸せ感がにじみ出ている。この結婚生活はクリエイターなど、ある種のおしゃれゾーンの人たちにとっては理想形なのかも。そんな印象を抱かせる主婦でした。

## おしゃれ生活を支えるのは親の力

その松田さんの夫はフリーの映像ディレクター。同じ大学の同級生で、４年生のときに２人とも、好きな分野で手に職を持ちたいと考え、デザインの専門学校に通っていました。そういった趣味や志向が同じだったことから、意気投合し付き合うようになったそう。

夫は松田さんに遅れること3年、1年前に会社を辞めてフリーとして独立したそうです。今は、夫婦が住む同じビルの3階に仕事用の部屋を借りて、そこで仕事をしています。だから、お昼も夜も妻の手作りご飯を食べに、部屋へ戻ってくる。でも、おうちが大好きで料理も大好き、という松田さんにとって、夫のご飯を朝昼晩作らなければいけないことは、まったく苦痛ではありません。ちなみに得意料理を聞くと、「鶏肉のハチミツソース煮」という、これまたカフェっぽいおしゃれな答えが返ってきました。

さてこの松田夫婦、東京23区内に2部屋も借りるなんてどれだけ稼いでいるの？　と思った方も多いでしょう。

でも実は、これにはからくりがあります。というのは、松田さんの父親が不動産関係の仕事をしていて、そのコネで特別に一部屋5万円という格安の家賃で借りることができているのです。

そこで夫婦は、家賃を含めた生活費として、お互いに自分の収入から毎月15万円ずつ出すことを取り決めました。収入のうち残った分は好きに使っていいことにしている、とのこと。ところが……、その15万円がここ1年ほど、夫からまったく払われていないのだそうです。

というのも、夫はどうも経営管理が苦手らしく、経費を考えず作品制作に没頭してしまうため、会社の運営がギリギリなのです。今は稼いだお金がすべて制作費で消え、結果的に松田さんが夫の分も含めて生活費を負担しているそう。一応、彼の会社の家賃は自分で払っているとのことですが、それも妻の親のコネで安く借りられているのが実情。少し言葉は悪いですが、妻に〝おんぶに抱っこ〟の状態です。

でも松田さんは、そこに不満はほとんど感じていません。毎日大好きなおうちにいられるし、決して贅沢をしたいわけではないので、今は自分の収入だけでもやっていけるから。むしろ今の暮らしは不満どころか気に入っている、と言ってもいいかもしれません。

**総合して考えてみるに、松田さんの主婦としての幸せは何の上に成り立っているかというと「夫に安定収入を求めていない」ということなのです。**結婚をするときも、〝夫の年収〟という条件はまったく考えなかったそう。単純に、趣味などの相性がいいことが決め手だったと言います。

## 夫の夢を支えてあげるのも3年まで

とはいえ、今はやっていけているものの、松田さんは現在妊娠中。子どもが生まれたら今までより働き方はスローダウンしたいし、子どものことを思えば、将来はもっと生活費もかかる。私は「夫がずっと稼げないままだったらどうするんですか?」と聞いてみました。すると、松田さんはケロリとこう答えました。

「夫は生命力のある人なので、いざとなったらやってくれる人だと思います」

松田さんの夫というのは、九州男児で〝男たるもの仕事に専念すべき〟というような考え。そのため家事もまったく手伝わないけれど、松田さんも無理に家事分担しようなどとは考えてなくて、「その分、稼いできてくれたらいい」と考えています。ただ、その稼いでくるということが今はできていない。それでも夫は、「今は仕事に専念したいから家事もできないけど、目をつぶってくれ」と言い、妻は「まあ、今は私にも稼ぎがあるしあなたの夢を支えてあげるよ」とゆるく応援している。そこには「将来は返してくれるはず」という、完全に、

2010年に大ヒットした、『ゲゲゲの女房』的な期待があるようです。

ただ、唯一、本当の『ゲゲゲの女房』と違うところは、支える期間に有効期限がある、ということなのです。それが3年間。「3年は自分が養うし我慢もするけど、それを過ぎても仕事が軌道に乗らなかったら、有無を言わせず就職してもらいます」と言うのです。まさに、期間限定の「現代版ゲゲゲの女房」。

さらに、ゆくゆくは自分が夫の会社の経営管理をすることも考えています。うまく夫が成功したら、「夫のアシスタントになって守り立てていくのもありかな」と言う。イメージは、クリエイターの佐藤可士和夫妻ですね。夫は制作に専念し、経営や宣伝といったマネジメントはすべて妻がおこなうタイプです。

「将来は、古くてもいいので一軒家に住み、そこを自分の気に入ったように改築し、家族みんなでスタイリッシュな〝家族新聞〟を作るのが夢なんです」

と楽しそうに語ってくれた松田さん。夫の稼ぎという不安材料はありますが、とにかくポジティブ思考だし、淡々と生活をして、それなりに将来のリスクも考えているし、お金の使い方も堅実です。今の若い世代はお給料は低いけれど、親の支えという資産がある。それをうまく使っている2人です。ただ、松田さんの親からの援助がなくなれば一気に崩れ落ちる、という危うさは抱えていますが。

とはいえ、現時点での松田さんの結婚生活は、まさに〝そこそこ幸せ〟状態。専業主婦志望の女性たちに言わせれば「自分が働く」ことはマイナスですが、何よりも彼女は「尽くし甲斐のある男」を夫にするというファンタジーを手に入れています。それができるのも、彼女が「手に職」がある女性だから。普通の大学に行った後、わざわざもう2年専門学校に行き、制作会社で働いた後、独立しました。手に職があり「大好きな家で仕事をする」という理想を叶えているわけです。「尽くしたい」「覇気がある人がいい」という女性は、まず自分がどんな状態になっても稼げる「手に職」が必要だと松田さんは教えてくれました。

## 元エビちゃんＯＬはここにいた！　首都近郊主婦の幸せ

**エビちゃんＯＬの戦略は実を結んでいた！**

常々私が気になっていたことがあります。それは、かつて「ＣａｎＣａｍ」ブームのころ、「エビちゃんになりたい！」と巻き髪やワンピースでエビちゃんをマネていたあの結婚願望の強いＯＬたちは、その後どこへ行ったんだろう？ということ。エビちゃんＯＬは男ウケも抜群の存在ですから、今頃はもう相手を見つけて素敵な結婚をしているはず。……などと思っていたら、いました。首都近郊の新百合ヶ丘に！

婚活ブームの頃に会った女性は、「ＣａｎＣａｍ」を読んでいる、という人がけっこうたくさんいました。彼女たちはみな、受付嬢や派遣の仕事をしていて、決して自分でバリバリ稼ぐタイプではない。でも「相手に望む年収」となると、かなりの割合の人が「800万円」のところに◯をつけていました。そして今、新百合ヶ丘で数人の専業主婦に話を聞いたところ、「独身時代の愛読誌はCanCam」というのです。「かつてのエビちゃんOLが、ちゃんと年収800万円以上の夫を見つけてここで幸せになっていたんだ！　君たちの結婚戦略は間違ってなかったんだね！」と心の底から思ったものです。

その元エビちゃんOLの主婦たちは今どういう生活をしているかというと……、私が今回会った主婦たちの中で、もっとも手抜きなくきれいに身なりを整えていました。小さい子どももいるというのに、メイクもきちんとしていて、服装も流行最先端のもの。髪も、美容院にしっかり行っている人のヘアスタイルです。そして、4人のうちのひとりの自宅を訪れた私に出されたのは、カップ&ソーサーを使ったハーブティーと手作りチーズケーキ！　彼女たちはとにかくアクセクした雰囲気がゼロで優雅でした。

まさに、今の独身女性たちが憧れる専業主婦像はこれかな、と思わせられた私。幸せを絵に描いたようなプチセレブライフ。でも、これがけっこうギリギリハッピーなんです。というのもみな、とにかく貯金がないのです！

## 年収800万円世帯ゆえの危険なプチセレブライフ

彼女たちの経済事情を簡単に説明しますと……。まず、全員がすでにマンションを買っていてローンを抱えています。新百合ヶ丘という首都近郊のこのエリアだと、2LDKから3LDKのマンションで、だいたい3000万円台後半から5000万円弱。さらにみんな車も買っている。これらのローンを返しつつ、しかしチマチマ節約するような生活ではありません。

夫の年収はそれなりにあるので、月々の生活費は20万から30万円とけっこう余裕があるのですが、みな口をそろえて「赤字です。はみ出しています」と言う。一体何にお金を使っているの⁉　そう思って聞いてみると、ランチ代、美容院代、洋服代エトセトラ……。髪を切るのに独身時代と同じ表参道まで行く人も。

また、子どもグッズもけっこう良いものを買っています。「東原亜希ちゃんのブログ見て、かわいい育児グッズが載っているとつい買っちゃいます」というように、子どもグッズにはケチケチせず、お金を使っているようです。

家庭によっては、夫も結構お金遣いが荒いようです。昭和の夫と違って夜な夜な飲み歩くということはないけれど、その代わりに「すごいお酒が好きで、毎日家でビールを6缶飲むんです」となる……。

妻も夫も家計は厳しくチェックしていません。「夫が高年収である」という絶対的基盤があるから、ケチケチせず暮らしていける、これが優雅さの源泉です。OLだった昔に比べれば、服や外食など、それほど贅沢をしているわけでもありません。ただ、なんとなく日々「お金が出ていく」のだと言いますが、お金の悩みがないことこそ、贅沢です。

月々の給料だけではやっていくことができず、全員が「ボーナスで相殺している」と言っていました。中には、「テーブルをもう少し大きいものに買い替えたいんだけど、そこにまわすお金がない」という人も。夫の年収が1000

万円近くあっても、不思議とテーブルは買えないのです。

**彼女たちの夫は、今の時代でいえば数少ない勝ち組男子たち。それでも家計はギリギリ。それだけに幸せもギリギリに見えます。実は、このギリギリハッピー主婦こそ、もっともリスクが高いとファイナンシャルプランナーは指摘します。**

今の時代、高収入の人ほど、不景気にはリストラや給料カットの対象になりやすいからというのがその理由です。そのとき、貯金はゼロのうえローンを抱えていると、一気にバターンと総崩れしてしまう危険が高いのです。実際に、結婚してから夫の給料が下がってきている、という人もいます。減った分は節約ではなくボーナス払いでやり繰りしている、と。とはいえ人間、一度1000万円の生活をしてしまうとなかなかレベルを下げられないもの。給料は下がっているけど、生活レベルは変わらない……。一番怖いパターンです。

だからといって彼女たちに、働いて赤字を補うという意識はないようです。

そもそも彼女たちは、結婚しても子どもができるまでは共働きだった人がほとんど。フルタイム正社員の仕事は忙しく、終電まで仕事をすることも。子どもがいて働きながらやっていくのは無理！　と見切りをつけ、仕事を辞めたのです。「共働きで都心のマンションを買えている夫婦にも憧れるけど、ギスギスしてまで港区とかに住みたいとは思わない」「子どもができても仕事を続けている女性もけっこういたけど、自分たちは辞める自由を選んだ」という人たちなので、働くという選択肢は、今は考えられません。

何より彼女たちは、子どもを2人持つことを理想としています。みな、現在30代前半で、2人目を産みたいとなると、再就職のタイミングが難しいのも現実です。

## 〝見ないこと〟で成り立つ幸せ

経済的にはギリギリですが、幸せ度はみな驚くほど高いのです。ほとんどの人が、幸せ度80点から95点と回答していて、不満といえば「夫にもう少し部屋をきれいに使ってほしい」というくらい。

思うに、性格が社交的な専業ママたちは、毎日がとても楽しいものになるのではないでしょうか。まったく仕事をしていなくて子育てをしている主婦は、ややもすると密室育児になって孤独に陥りやすい。そこでママ友の存在が重要になってくるのですが、彼女たちのように社交的な性格でママ友ワールドを上手に築ける人たちは、比較的ハッピーでいられるのでしょう。

しかも夫はとにかくやさしい。「仕事が忙しいから家事は手伝ってもらえないけど、土日は子どもと遊んでくれるし、私が美容院に行くときは子どもを預かってもらっても嫌な顔はしません」

外ヅラだけがよかった昭和の夫と違って、平成の夫は会社でも家でも〝いい人〟なのです。

そして何より、「夫の年収が高い」という絶対的安心感が、彼女たちの幸せを支えている。まさに、昭和を生きたお母さんたちと同じ幸福です。しかし、現在の幸福に比例して、未来は不安に満ちています。右肩上がりからバブルと景気のいい時代を満喫したお母さんたちほど、安泰ではないのがこれからの専業主婦です。

高級取りのサラリーマン夫でも、それほど安心していられないのが現実。「ボーナスがカットされたり、夫がリストラになったらどうしますか？」という問いに、「さあ……」と誰もがクビをかしげる。頭のいい彼女たちなのに、そこはわざと見ないようにしているとしか思えません。

**あとで、プチセレブの陥るリスクについては、専門家の解説がありますが、年収800万世帯のほうが年収400万世帯よりもリスクが高いそうです。**20代女子がもっとも憧れるこのプチセレブ専業主婦生活こそが、私の目にはもっとも危ういものとして映ったのでした。

## 超リアル！　ギリギリ主婦ライフin浦安

### 飾らない年収400万円主婦たちも幸福度は変わりなし

専業主婦志望の独身女性たちは、自分が専業主婦になるためには「最低600万円」の夫の収入が必要だと考えています。

厚生労働省が2009年におこなった「国民生活基礎調査」では、子どものいる世帯の平均年収は688・5万円でした。2013年は673万円と少し下がっています。一見、高いように見えますが、これには共働きの家庭も含まれています。2008年におこなわれた明治安田生活福祉研究所の調査によると、「妻の年収は世帯年収の3・8割」とありますから、単純計算で妻の分を差し引くと、専業主婦家庭の年収は約427万円。これはあくまで平均ですから、実際はもっと少ないという家庭も多いでしょう。

独身女性たちが希望する600万円には届かないこの年収で、働かずにやっている主婦たちもたくさんいます。そこで私は、夫の年収が約350万から450万円という主婦たちの話を聞いてみることにしました。

訪ねたのは千葉県浦安市。ちょっと説明を加えておきますと、千葉県浦安市には、浦安駅と新浦安駅があります。新浦安駅というのは、ご存じ東京ディズニーリゾートにより近いほうの駅で、住宅地としても高級です。現在は震災の影響で大変なエリアもありますが、億はしそうなおしゃれな一軒家もいっぱい建っていて、アメリカ・ロサンジェルスの高級住宅地・ビバリーヒルズに引っかけて、千葉リーヒルズと言われているほど。

ところがこの新浦安駅からほんの少ししか離れていない浦安駅になると、とたんに寂しい雰囲気が漂います。駅と合体したショッピングモールはおろか、おしゃれなカフェもほとんど見当たりません。今回私がお会いしたのは、この浦安駅方面に住む専業主婦6人です。

集合場所は、駅から徒歩10分ぐらいのところにある和食系ファミリーレストラン。代表の主婦の方に連絡をとったところ、「駅の近くには本当に何もないので」ということで、国道沿いにあるこのファミレスを指定してきたのです。

皆さん、子どもをひとり、または2人乗せられる自転車で集合です。タートルニットにジーンズ、あるいはチュニックにレギンスという、ファッションカタログ誌「ｎｉｓｓｅｎ」からそのまま出てきたようなスタイル。髪はちょっと伸びかけたショートカットか、まとめ髪で、小さな子どもの子育てで忙しく、自分にはかまっていられないという雰囲気。取材を意識していた元エビちゃんＯＬママと比べると、おしゃれとかコーディネートは子育て中は封印しているのかもしれない。そしてほとんどの人がスッピンのように見受けられました。

ただ、2人ほど少し化粧をして、ちょっとおしゃれな雰囲気のママがいました。話を聞いてみると、この2人は働こうというマインドがあって、子どもを預ける保育園も決まっているとのこと。でも残念なことに、肝心の仕事がまだ見つかっていないと言っていました。

取材場所のお座敷で走り回る子どもたちを、「コラッ、じっとしていなさい！」としかりつけながら話をしてくれる。同じ2歳くらいの子どもがいる家庭でも、新百合ヶ丘で会った主婦たちとは全然雰囲気が違いました。「THE・お母さん」という雰囲気です。常にバタバタしていて、素直にアクセクした感じを出しているのです。

## 年収400万円世帯の経済事情とは？

そんな彼女たちに、専業主婦でいることのメリット・デメリットを聞いてみると……。全員一様に、メリットは「子どもと一緒にいられること」、そしてデメリットは「お金がない！」と答えたのでした。

彼女たちの生活費は、家賃をのぞいて12万から16万円。ここから食費や光熱費を払うと、自分のおこづかいとして手もとに残るのは1万円くらいだそう。これを、ママ友とのランチ代や洋服代に当てているようです。ちなみに夫のおこづかい額を聞くと、ほとんどが1万円以内。家庭によっては、「おこづかいはなくて、必要なときに必要な額だけ渡している」というところもありました。

そしてみな、口をそろえて「生活はギリギリ。あと、月5万円あれば……」と言う。当然、貯金もまったくできていません。

お金がないことで何を我慢しているかというと、子どもにかける諸費用です。「本当はもっと子どもに洋服を買ってあげたいけど、そうなると働かなくちゃいけないから我慢している」と言うのです。

**ただ、そんな経済状況ながらディズニーランドの年間パスポートを買ったり、ネットゲームの会費を月額6000円も払ったりしている人はいて、「これは譲れないんです！」と力強く言うその経済感覚は、やはりイマドキっぽい。**

とはいえみんな、いずれは自分も働かなければならない、ということはわかっているようです。そのコメントもリアルで、「やっていけなくなったら、前にパートで働いていた飲み屋で、フルタイムパートで働けばいい。日給5000〜6000円くらいとして週5日働けばなんとかなると思う」とのこと。

反対に、一日中子どもとだけいるのがストレスなのでむしろ働きたい、と考えている人もいました。「子どものために仕事を辞めているんだけど、その子どもと一日一緒にいるのが辛いので復職を考えているんです」という、一見矛盾していますが、お母さんなら誰でも共感できるであろう理由です。ただ、求める仕事というのが、なかなか見つからない。家庭優先の考え方なので、夫が家にいる土日は働きたくない。「子どもが風邪を引いたりしたら、早退したり、休んだりしても嫌な顔をされないところ」が一番の条件です。

また、「コスパ」世代でもあるので、「保育園はわりに合わない」という考えも持っています。少しぐらい働いても、保育園代に消えてしまう。損得を考えているうちに、結局「あと5万あれば」と思いつつ、働かないできてしまうのです。

だからといって、彼女たちの将来がリスクいっぱいかといったら、そうとも言い切れない気がするのです。少なくとも彼女たちは、自分の夫の年収が高くないことをわかっている。だから贅沢をしないのです。マンションも買わずに賃貸だし、普段の移動も自転車。子どもを私立に行かせようというつもりもないし、洋服も化粧品も買わない。ましてや髪を切りに表参道に行くなど考えもしない。ひょっとしたら、もう半年くらい髪を切っていないのでは……？　という人もいましたが、節約というより、時間の余裕がないのです。

これが年収８００万円くらいの世帯になると、それなりに収入があるだけに、「マンションを買いたい」「子どもを私立に行かせようかしら」と考えてしまう。また、まわりもそうしていると「私も！」とあおられて、生活レベルを知らず知らず上げてしまうのです。世帯年収が２０００万円くらいあるならまだしも、８００万円でそういった生活をするのはちょっとキツイ。それだけに、年収４００万円世帯の専業主婦と、年収８００万円世帯の専業主婦と、どっちがリスクが高いかといったら、私は意外に後者ではないかと感じたのです。

**夫の年収が低くても結婚を決意できた最大の理由は……**

婚活中の女子は、「年収は６００万円以上、妥協して４００万円」と思っている人が多いのですが、年収を意識する女子はいつまでも結婚できない……。

**浦安の彼女たちが、年収にこだわらず結婚を決められた最大の理由は何なのでしょう？　これが意外に単純で、〝流され婚〟です。**大抵の人は、社内で知り合ってそのままなんとなく結婚したか、あるいはできちゃった婚でした。

四大卒や短大卒のエビちゃんＯＬと違って、彼女たちのほとんどは高卒か専門学校卒です。しかも超就職氷河期世代ですから、条件のいい職場には入れなかったと言います。仕事もつまらないし大変だから、その職場で出会った相手となんとなく結婚して辞めていく。こういうパターンがほとんどでした。しかもみんな若いんです。全員20代。24歳で２歳の子どもがいる人もいました。「この年収でやっていけるんだろうか？」と少しでも考えたら、今の結婚はできなくなってしまうはず。もしくは、自分が仕事を辞めずに働き続けるはずです。

それでも浦安の主婦たちに「幸せ度」を聞くと、「90点」と高い点数を答えた人が結構いました。低い人でも「65点」。いろいろ不満は言いつつも、「夫はやさしい」と言うし、みな笑顔であっけらかんとしていて、とても幸せそうに見えました。最近、何かと話題の地方のマイルドヤンキー層に通じるところがあるかもしれません。

彼女たちに会って私が強く感じたことは、ハッピー感に年収はほとんど関係ないのではないか？　ということです。現に新百合ヶ丘の主婦と浦安の主婦とでは、年収も生活も違っていても、同じように貯金はなく、生活はギリギリで、それでも同じように幸せそうでした。そして抱えているリスクも多くの部分で一緒です……。

専業主婦になりたい独身女性たちは、リスクの高い結婚を避けようとえり好みをするけれど、**結局専業主婦とは、リスクを考えない人だけがなれるものなのかもしれません。**

## リスクの少ない〝地に足系主婦〟の幸せは、夫次第

### 思っていた以上に快適だった専業主婦ライフ、そのワケは夫にあり

「専業主婦になりたくてなったわけじゃない。できれば働き続けたかったんです」という人ほど、人の羨むような専業主婦ライフを送っているのですから皮肉なものです。井上香織さん（仮名）は、英語が好きで、津田塾大学の英文科を卒業後は、子ども英会話の講師として働いていました。結婚願望もとくになかったのですが、大学のサークルで知り合った今の夫に押されて26歳で結婚。その1年後に妊娠が判明しました。子どもができてもずっと働きたいと思っていたのですが、妊娠中、流産をしかけたことから両立は無理だと感じ、仕事を辞めて専業主婦になった、というわけです。

でもそれなら、出産後にまた復職をするという選択肢もあったはず、と思うでしょう。井上さんがなぜ専業主婦でい続けているか。その最大の理由は、「夫がいい人だったから」です。

井上さんが専業主婦になりたくなかった理由は、母親の影響が大きいのです。母親は専業主婦でしたが、父親が亭主関白タイプで、母親はどちらかというと家政婦のような扱いを受けていたそう。仕事を辞めて家庭に入ったら、自分もあんなふうになるのかなと思い、ずっと働き続けたいと思っていたのです。

ところがいざ結婚して専業主婦になってみると、夫は父親とは百八十度違っていました。朝は井上さんが起きなくても、ひとりでご飯を食べて出かけていくし、たまに早く帰ってきたときは食器洗いもしてくれる。仕事は忙しいので23時くらいに帰ってくる日が多いものの、土日は子どもと遊んでくれる。平日の井上さんは、子どもと一緒に8時くらいに起床し、昼は近所のマルイへランチに行くなど、のんびり過ごしています。また、年に1、2回は夫の両親に子どもを預けて、夫婦水いらずでスノボ旅行もするそう。

じゃあ家計管理はしっかりしているかといったら、そこはイマドキの主婦です。お金の計算が苦手なうえ、夫がたまたま経理の仕事をしていてその道のエキスパートであることもあって、家計管理も夫にしてもらっているそうです。井上さん自身のおこづかいはというと、必要に合わせてそのつど現金をもらったり、クレジットカードで支払ったりしている、とのこと。

それでは専業主婦の最大の武器である財布の紐が握れない！　と思うかもしれませんが、井上さんは贅沢をしたい欲求もない。せいぜい、「自分の収入があったときは、今よりワンランク上のランチメニューを選べていた」という不満を言う程度です。

それより我が子の成長をずっとそばで見られることが嬉しい。そして夫はやさしいし、浮気もしない。思っていたより専業主婦ライフは良かった、というのが本音です。「不満がないから、子どもが寝た後は英語の勉強をしようと思っているのについダラダラしてしまうんですよ～」と笑って言うなど、何ひとつ無理をしているところがないんです。

しかし、これが「俺が食わせてやっているんだぞ」というタイプの夫だったら、話はまったく違ってきます。

**とくに井上さんのような働くマインドのある専業主婦の場合、夫がいい人じゃなかったらなおさら辛さを感じてしまう。彼女の幸せは、まさに夫次第と言えるのです。**

ただ、そんな井上さんにも主婦ゆえの悩みはあります。それは、2人目がなかなかできないこと。まわりのママ友たちがどんどん2人目、3人目を産んでいる中、疎外感を覚えて、最近はあまり一緒にランチへも行かなくなっているそう。また、長男である夫の両親が「いずれは私たちの近所に家を建てて、墓を守ってもらう」と考えているのも憂鬱の種です。初めてこの話を切りだされた日は、ショックで寝込んでしまったとか。

### 夫の年収が100万円増えるより、やさしさのほうが大事

もうひとり、〝夫次第の幸せ〟を手に入れている主婦の例を紹介したいと思

います。〝類は友を呼ぶ〟ではありませんが、井上さんの友人で、地元・神奈川で不動産屋のパートをしている主婦・山崎理恵子さん（仮名）です。年齢は35歳。４歳の子どもがひとりいます。

山崎さんの夫は中小企業の会社員で、年収は約４５０万円。一方の山崎さんは、勤めていた会社の人間関係が良くなかったことから、結婚後しばらくして退職。再就職を考えているうちに妊娠をしたので、そのまま専業主婦になった、という人です。

ただ、山崎さんは実家が会社を経営していて、母親がその経理を手伝うなど働く姿を見ていたので、自分もいずれは社会復帰をしたいと考えていました。また、子どもが学校に通い始めたときの出費を考えて、貯金をしておく必要も感じていました。そこで子どもが３歳になったときに、保育園に預けて週３日だけパートに出るようになったのです。

でもなぜ、そんなにすんなり条件に合う仕事が見つかったのでしょう？

そこにはひとつ、ポイントがあります。というのも、山崎さんの仕事は不動産業なので土地勘が必要ですが、山崎さんは生まれたときからその土地に住んでいるのでまったく問題がなかった。その点を買われて、雇ってもらえたのです。

そもそも、夫の会社は東京都内なのに神奈川という少し離れた街に住んでいるのは、そこが山崎さんの地元で、山崎さんの家族もみんな住んでいるから。完全に、夫を自分のテリトリーに引きこんでいるのです。そう、このことからも分かるように、山崎さんの夫は妻のテリトリーに快く入ってくれるような「とってもいい人」なのです。

山崎さんは3人姉妹ですが、2人の姉もみな結婚後地元にとどまっていて、週に1回はそれぞれの家族が実家に集まりご飯を食べるそう。「実家に夫が溶け込んでくれていることが一番嬉しい」と言う山崎さん。将来は、事業を起こした自分の父親のように、夫にも何か事業を始めてもらいたいと思っています。また、その希望にこたえて、夫は保育ビジネスの仕事を始めようと保育士の勉強を始めているというから、いい人すぎます！

何人かの主婦の方に話を聞いて、はっきりわかりました。**日本の専業主婦志向を助長するのは「やさしい夫」たちなんですね。**

山崎さんの夫の年収は決して高いとはいえず、パートに出なければ自分のおこづかいは捻出できない状態ですが、「年収が100万円増えるより、やさしさのほうが大事」とキッパリ言いきっています。「年収が800万円あっても、浮気したり家でふんぞりかえったりしているような夫は嫌です。だって年収以外魅力がない男なんて、失業したらグッバイじゃないですか」とも言っていたのには、笑いました。

**過去の恋愛から学んだ、幸せな結婚生活を送るための夫選び**

ここまで山崎さんが、「夫はやさしいのが一番！」と言うのにはワケがあります。それは、夫と出会う前に付き合っていた男性が、夫とは真逆のタイプだったこと。

「元カレはドキドキさせてくれるような人だったけど、軽いし浮気もされて苦労したんです。反面、夫は草食男子の走りのような人で、誠実で家族を大事にしてくれるタイプ。やっぱり女のコはワガママな生き物なので、やさしくて自分の言うことを聞いてくれる夫がいいと思うんですよ」

過去の恋愛から、夫次第で幸せは大きく変わってくるということを、山崎さんは身をもって学んだようです。

以前に「年収が10万円減っても、そのマイナス分は会話10分で相殺できる」という研究記事を読んだことがあるのですが、まさにその典型的な例だなと思いました。

主婦の幸せというのは、やはりお金じゃない。たとえ年収が少しくらい減っても、その分夫が早く家に帰ってきて会話をする時間が増えたら不満は感じない、というのが現実のようです。

本当に、「年収○○万円以上の専業主婦になれないなら一生独身でいい」と言っていた女子たちには、「やっぱりお金よりやさしさだよ」と言いたくなりました。

コラム2
専門家に聞いた
専業主婦の実態

破たんの可能性もあり⁉
知っておきたい生活費のベスト額は？
# 専業主婦ライフを家計診断

ファイナンシャルプランナー・花輪陽子さん

今現在、幼稚園に入園前の子どもがいて生活がギリギリという家庭なら、妻もすぐに働きに出たほうがいいでしょう。なぜなら子どもの教育費がかからない今のうちに貯金をしないと、将来は破たんする可能性が高いと思われるからです。

それでも専業主婦でいたい人は、その分家計管理をしっかりして貯金する必要があります。

ではどのくらいの額で生活するべきか。私が簡単に試算したところをお伝えしたいと思います。

まず家賃。これは年収の4分の1までなら大丈夫です。たとえば夫の年収が600万円なら年間150万円まで、月々12万5000円以内です。家やマンションを買いたい場合の目安は、年収の4倍までの額におさえるのが理想。でもこれからは給料も上がりにくい時代。できれば3倍までの額にしたほうが安全でしょう。

また、子どもを私立の学校に通わせると年100万円程度が教育費で消えていきます。公立に通わせれば出費は私立の半分以下で済みますが、お受験のための塾代も年100万ぐらいはかかります。

さて、もっとも将来が危ういのは年収いくらくらいの家庭でしょうか？実は、年収800万円くらいの世帯なのです。高収入だと思っているだけに高いマンションや車を買ったり、食費やレジャー費も節約しないなど、家計管理を怠ってしまうから。これが年収400万円くらいの家庭になると堅実な生活をしているので、破たんまではいかないのです。

家計を長期スパンで見るのは難しいもの。でも将来の破たんを防ぐためにも、この先かかるお金を一度計算してみてください。そうすれば、専業主婦を続けていくにはどうすべきか、あるいは働きに出るべきか、おのずと答えは見えてきますから。

コラム3
専業主婦とキャリア

# 米の「ハウスワイフ2・0」現象と日本女子

アメリカに専業主婦志向到来？
突然妻が仕事を辞めてジャムを作り始めた時

「私、仕事を辞めて子育てに専念するわ。今までは忙しくて買ってきたご飯も全部手作りにする。子どもには安全なものを食べさせたいから野菜も一から育てたいの。いっそ田舎に引っ越さない？　あなたが通える範囲でも郊外に行けば小さな畑つきの家があるわよ。ジャムやピクルスの瓶詰をたくさん作って、ネットで売ればお金にもなるし、自給自足の生活なら生活費もかからないじゃない？」

と突然、同じ大学卒で、会社員で、今までバリバリ働いていた妻から宣言されたら、あなたはどうしますか？

えーっ、だって今までお前、女だって経済的に自立をして、男と同等だって言ってたよね？　結婚するときも仕事は辞めないって言ってたよね？　専業主婦なんて、軽蔑していなかった？　でもって、都心のマンションだってやっと共働きで買えたのに、田舎に引っ越したい？　突然、どうしちゃったの？　だいたい収入二分の一になったら、困るよー。

夫の心の声をちょっと代弁してみました。

多分男性から見たら、今話題の「ハウスワイフ2・0」現象はこんな感じなのだと思います。

でも今どきの男性はやさしいから、きっと受け入れてくれるでしょう。年収が半分になっても、キリキリ仕事をしていた頃は見られなかった妻の笑顔と子どもの寝顔に癒されて、通勤2時間でも頑張る。手作りの食事は決して悪いことじゃない。自分は吉野家が恋しくなったら、内緒で外で食べればいいのだから。

今話題の「ハウスワイフ2・0」現象を日本に置き換えてみました。

さあ、あなたは、受け入れられますか？

「ハウスワイフ2・0」現象とはアメリカの20代から30代の女性の家庭回帰現象のこと。

その新しい主婦像についてまとめた『ハウスワイフ2・0』（エミリー・マッチャー／文藝春秋）が2014年2月に翻訳され話題となりました。大学を出て知的な職業につき、男と同等に稼いでいた女性たちが、子育てを機に専業主婦になりたがる。それもただの専業主婦ではなく、キーワードは「おばあちゃんの家事」「エコ」「手作り」「自給自足」そしてブログとネットショップ。

強いられた専業主婦ではなく、会社からの「選択的離脱」。これを新しいフェミニズムと呼んでいます。

彼女たちは手作りの瓶詰がずらりと並ぶキッチンや、手編みレースのおくるみに包まれた赤ちゃんの寝顔、そんなステキな写真が満載のブログで発信し、多くのファンを得ています。まるで「大きな森の小さな家」のローラのよう。時にはブログから手作りのマフィンの店で大成功したり、本を出して、スターになる女性たちもいます。都会のキャリアウーマンですら、仕事の合間にこっそり覗いては癒しを得るブログ。ＩＴの進化で、家にこもっていても「承認欲求」を満たされ、「仲間」も得られる。手作りのものを売るネットショップのおかげで、プチ主婦起業してお小遣いも稼げる。

夫に虐げられ、孤独な子育てを強いられていた昔の専業主婦とは違うというのが彼女たちの主張です。一見いいことばかりのようですが、なぜこんな現象が起きるのでしょうか？

アメリカでは女性の社会進出がはるかに日本より進んでいる。『LEAN IN（リーン・イン）』（シェリル・サンドバーグ／日本経済新聞出版社）を読んでそう思っていた日本人にとっては意外だと思います。確かにＦＲＢ（連邦準備制度）の議長は女性になったし、ジェンダーギャップ指数１０４位の日本より、はるかに男女平等は進んでいる米国。しかし、女性たちは決して満足してはいなかったんです。

アメリカの中産階級の20代から30代の女性は、「インスタントの食材で家事を放棄し、出世競争にあけくれて、あげくにストレスでいっぱいの母親世代」を反面教師として、今「おばあちゃんの時代のような丁寧な家事をする暮らし」に憧れている。自分たちを誇りをもって「ホームメイカー」と呼んでいます。

しかし、その裏には「不況」と「アメリカの有給も育休もない職場環境」「女性が直面するガラスの天井」があります。リーマンショックの後、仕事を失った女性たち（プライドと教育に見合う職場にとどまれなかった）、「仕事や会社への絶望」を味わった女性たちが、第二の自己実現の場として家庭を選ぶことに不思議はありません。

「ハウスワイフ2・0」現象に揺れるアメリカ。それでは日本ではどうか？今政府は「女性活用が成長戦略の鍵」「女性の管理職を3割に」としきりに言っていますが、日本ではもともと専業主婦志向が根強いのです。

なぜ……とよく聞かれますが、今の若い女性たちにとって、「専業主婦」こそなれない高嶺の花。なれない希少なものにこそ人は憧れます。均等法第一期世代の女性たちにとって専業主婦は当たり前でキャリアウーマンこそ、憧れでした。しかし今の若い女性たちにとって、働くことこそ当たり前で、時には苦行であり、外で働かなくていい専業主婦こそ、憧れなんです。

しかし、現実は甘くない。多くの女性たちが「憧れるけれど、自分は無理だろうな」と思っています。そこで彼女たちが選択するのは「ゆるキャリ」です。ゆるキャリとは、バリキャリ（男性と同等を目指しバリバリ働くキャリア志向の女性）の反対。大手企業の一般事務職などで、年収は低くても9時5時の仕事をして、定年まで安定して細く長く働き続けることです。

日本の女性たちは「ガラスの天井」を感じるところまでは頑張れませんでしたが、ゆるキャリ志向の20代とアメリカの「ハウスワイフ2・0」現象は、似ています。その根底に「職場への不満」があるところが。

むしろ日本女性のほうが、男性中心社会で「男と同じく会社に24時間捧げて働いても、ちっともいいことはない」と早くに絶望しています。

今働き方の問題が問われていますが、アメリカと同様、「子どもを持った女性」が働きづらいのが長時間労働の職場。育休や時短があっても、結局「頑張っても子どもができたら男には負ける」ことを日本の女性たちは早くに見切っている。そして男性たちですら、今の20代は「会社にすべてを捧げてもリターンが少なすぎる」「出世しなくてもいい。もっとプライベートを大事にしたい」と思っています。

そこでアメリカの20代30代は会社から離脱して、夫の収入に依存しながら、なんでも手作りして節約し、エコで素敵なライフスタイルをブログで発信している。

今や日本の代表的な主婦雑誌となった光文社「VERY」ですが、現実には読者の半分が正社員です。しかも一般事務職などの残業がない「ゆるキャリ正社員」で仕事と子育てを両立している。すがすがしいほど「仕事はお金のため。あくまで大切なのは家庭」と言いきっています。あとの半分の専業主婦の人たちも、子育てをしながら「ママCEO」としてプチ起業を目指しています。身を粉にして「フルパート」で働くほど切羽詰まっていない。でも、お金は欲しい。プライドも大切。そんな主婦たちが夢見るのは「ママCEO」で、そんな風潮を反映してか、女子大生に「在宅で仕事をしている」人の話をすると、みんなの目が輝く。「会社に縛られ長時間こき使われる」ことに日本と米国の女性たちはうんざりしているのでしょう。

しかし、両者のリスクは「それほどお金は稼げず、基本は経済的に会社員の夫に依存している」ことです。かつて取材した、ママ起業の女性たちは「月収10万」の壁をなかなか超えられませんでした。むしろ料理教室などはコストを考えると赤字です。突然休むと言いだすママ友から「ドタキャンならお月謝を払って」と言えるかどうかが、10万を超えられるかどうかの鍵。成功している人は少数派で、むしろ「夫の稼ぎで赤字でも教室を運営している」ことがステイタスになっていました。

ネットのおかげで、手作りを売り「プチお小遣い」は稼げるが、もし夫が倒れたら、もし夫と離婚したら……。そこに備えるほどのお金は作れないのです。

依存はお金だけではありません。幸福な主婦は必ず夫がいい人です。日本の幸せな主婦も、アメリカの「ハウスワイフ2・0」も、共通は夫が「いい人」だということ。

夫がいい人で家事も子育てにも協力的で「誰が稼いでいると思っているんだ!」などと声を荒げたり、DVや飲酒などの悪癖がないことが、彼女たちの幸福の源泉でした。さらにサイボーグのように壊れず、ウツにもならず、一生働き続けてくれたら言うことはありません。『ハウスワイフ2・0』の著者、エミリー・マッチャーも「経済的に夫に依存することのリスク」を指摘しています。

かつての専業主婦は、そういった生き方を強いられていた。だから「自ら働くことを選択」したキャリアウーマンが輝いていた。しかし今や、中流階級の専業主婦は、自らその生き方を選んでいる。専業主婦にしろ、キャリアウーマンにしろ、「自ら選ぶ」ことができる……それが人の幸福観の源泉であると、この「ハウスワイフ2・0」現象は教えてくれるのです。

# 第3章

# 〝年収600万円以上〟の独身男子は、〝専業主婦希望〟をどう思っている⁉

## 男子座談会・20代独身男子たちの非現実的なホンネ

これまで専業主婦になりたい女性たち、そして実際の主婦たちに話を聞いてきました。では、その女性たちの結婚相手候補となる独身男性たちは、専業主婦願望の高まりをどう受け止めているのでしょう?

そこで、20代の独身男子たち5人に集まってもらい、話を聞いてみることにしました。彼らは、専業主婦を夢見る独身女子たちにとって、もっとも結婚の対象になりそうな比較的モテ系のサッカー男子たち。モテ系といってもバブル期の肉食男子のようなタイプではなく、四年制大学を出て堅実に就職し、数年以内には年収600万円以上は見込め、週末は趣味のサッカーを楽しむ。そして、そこそこ恋愛もしてきた、というリア充男子たちです。

その5人の男子たちに、結婚に関するいくつかの質問をし、思うところを好き勝手に答えてもらいました。その結果、私はイマドキ独身男子たちの驚くべき結婚観を目の当たりにすることに……。とにかく、その一部をまとめましたので、まずはこちらを読んでいただきたいと思います。

**藤田　28歳。商社勤務。彼女あり（同じ会社の後輩、交際歴2年）。**
**森野　24歳。アパレル会社勤務。彼女あり（同じ会社の同期、交際歴2年）。**
**向井　28歳。IT関連会社勤務。彼女なし。**
**西田　25歳。放送局勤務。彼女あり（合コンで出会った会社員、交際歴1年）。**
**松尾　22歳。某有名私立大学の理工学部4年生。メーカーの理系部門に内定している。彼女なし。**

――最近、20代女子の専業主婦願望が高まっています。皆さんのうち、妻が専業主婦になってもOKという人は？

**藤田**　俺は全然ＯＫ！

**向井**　僕も別にＯＫ。

**西田**　俺はＯＫどころか、むしろ歓迎かも。妻の収入がゼロでも気にしない！

**森野**　え〜、僕は奥さんにも働いてほしいなぁ。

**松尾**　どっちでもいいけど、僕の場合、就職が決まっている会社は転勤が多いんだよね。

　だからそのときは、仕事は辞めてついてきてほしい。自分の家族もそうだったしね。

**藤田**　でもさ、合コンとかで、初対面の女のコにいきなり〝家庭に入りたい〟アピールをされると、それはそれで嫌じゃない？

**西田**　でも、そういう女のコ、結構いるよな。「結婚したら主婦がいい」とか言うコ。あれって何目的？

**藤田**　それって、家庭的なイメージを出して成績を上げようとしているだけの気もするけどね。

**西田**　今の彼女も、専業主婦になりたい雰囲気をプンプン出してるんだよね〜。こないだ、「会社辞めたいな〜」ってそれとなく言われたし……。

**松尾**　そういうこと言われたときって、どういう気分なの？

**西田**　いや〜、結構意識するよ。彼女の母親も専業主婦だったから、「当然自分も」と考えてるだろうしなあって。なんとなく、このまま彼女に押し切られて結婚しそうな気がするんだよね……。

**向井**　なんか僕も彼女ができたらそうなりそう……。

**藤田**　いや、俺は狩られないぞ！

——女性たちは、夫の年収が６００万円あったら仕事を辞めて専業主婦になりたい、と考えています。皆さんは、自分の収入だけで家族を養っていく自信がありますか？

**全員**　マジでー‼

**向井**　６００万かあ、それだけで奥さんも子どもも養うとなると、老後の貯金ができるかどうか心配……。

**藤田**　できれば、奥さんにはゆるく働いてほしいな。残業はナシで、家のこともきちんとやってくれるという働き方を。じゃないと、子どもができたときに家庭が崩壊しそうだもん。俺は、今の彼女とは同じ職場なんだけど、今の会社なら残業も少ないし、それも叶うかな～と思っているんだよね。

**西田**　別に働いてもいいんだけど、奥さんには俺より先に家に帰っていてほしいね。俺が帰ったとき、家の明かりがついてないのは嫌なんだよね。

**藤田**　それ、ある！

**森野**　自分の収入にもよると思うけど、僕は奥さんにも400万から500万円は稼いでほしいかな。それくらいないと、将来が不安なんだよね。

**松尾**　僕は金額の問題じゃなくて、好きな仕事をしてもらえればそれでいいと思ってる。だって仕事がつまんないと、家庭にも支障をきたしそうじゃん？

**西田**　仕事が好きなら働けばいいと思うよ。ただ、そういう仕事が好きなタイプの女のコを自分が好きになるかと言ったら、別だけど……。

**向井** でも僕の職場で奥さんが働いている人は、ポルシェのカイエンに乗ってたぜ。で、世田谷の深沢ハウスに住んでんの。子どももいてあれだけ優雅にやれてるのは、やっぱりすごい。

**西田** たしかに共働きは、羽振りの良さが違うよな。

――正社員で〝ゆるい働き方〟はなかなか望めない。女性が正社員で働き続けた場合、生涯で稼ぎだす賃金は1億円以上と言われています。その生涯賃金を失っても、妻には正社員をやめて〝ゆるい働き方〟をしてほしいですか？

**全員** ……（急に考え込む）。

**向井** でもやっぱり、僕は家族の生活費は自分で稼ぎたい！　そこそこ頑張って、そこそこの暮らしができればいいと思っているから。

**松尾** うーん、自分がどれだけ稼げるかによると思うなあ。でもやっぱり、自分に500万から600万円の収入があれば、転勤のときは奥さんには仕事を辞めてついてきてもらいたいかな。

**藤田**　俺はお金よりも、奥さんが働くことによって自分に時間の制限ができるほうが嫌なんだよね。

**森野**　でも僕の会社は女の人が育休とか取りやすい会社だし、彼女も辞めたいとは言わないだろうなあ……。

**西田**　働き続けてもいいんだけど、自分より妻の年収のほうが高かったら嫌じゃない？　友達に「お前の嫁さん、いくら稼いでる？」と聞かれたときツライ。

**向井**　あと、妻に自分の収入を「低い」と言われたら凹みそう。僕はハートが弱いから……（笑）。もし妻に1000万円以上とか年収があったら、もちろんありがたいけど、一方で「マジッすか？」と引く気持ちもあるよね……。

**藤田**　俺の場合、職場が同じだから彼女が昇進しちゃったら結構ヤバイ。

**西田**　収入も仕事の頑張りも、男より一歩引いておいてほしいんだよね〜。

――妻が専業主婦になった場合、お財布は妻に渡しますか？

**西田**　俺は自分が家計を握りたい！
**森野**　僕も握りたい‼
**松井**　僕は渡すと思うけど、一応自分も家計チェックはすると思うな。
**向井**　うーん、僕は管理が苦手なので、できれば任せたいかな。
**藤田**　俺はどっちでもいいかも。得意なほうが握ればいいんじゃない？
――妻が家計を握った場合、夫のこづかいは3万円という家庭がほとんどです。
**藤田**　3万円はムリだ！
**松尾**　全然ムリ！　5万は欲しい‼
**向井**　3万でも、「今日、飲みがあるので1万円くれますか？」「いいよ」みたいなゆるいおこづかい制なら大丈夫かも。
**西田**　いや、俺はそれでもダメ！　金額の問題じゃなくて、財布を握られること自体が嫌だ！

——みなさん、現在、貯金はありますか？

**向井**　えっと……、貯めようとはしているけど、ほとんどゼロかなぁ？

**藤田**　やっぱり、飲み食いで消えていくんだよね。

**西田**　あると言えばあるけど、ないと言えばない。でもお金を使う時間もそんなにないし、貯めようと思えば貯まるとは思うんだよね。

**向井**　でもさ、女性にも貯めようという意識は持っていてほしいよね。「結婚すれば相手の収入があるからゼロでいいや」という根性だったら、それは嫌。

**西田**　たしかに！

——妻も働いた場合、家事分担についてはどう考えていますか？

**森野**　担当するなら掃除かな。なんとなく、掃除は力がいりそうなので、男が担当するならここかと。まあ今は実家暮らしだから、自分の部屋の掃除もほとんど母親がやってくれてるんだけどね。

**西田** え〜、俺は……、ゴミ出しくらい？

**向井** わかんないけど、言われたらやるかも。今はご飯炊いてふりかけをかけるとか、パスタを茹でてレトルトのソースをかけるとか、そのくらいだけど。でも多分、玉子焼きもやれば作れると思うんだよね。

**西田** 育児は妻に任せたいかな。子どもは妻が育てるというイメージがあるから。

**森野** 今の会社は、一応男も育休を取れる制度があるんだよね。でも実際には、取ってる先輩を見たことないしなあ。

**藤田** なんか最近、イクメンとかいう言葉があるけど、まわりでそんな男の人っていないよね。……いる？

**向井** いや〜、夫婦でバリバリ働いている人たちも、子どもを送るのは夫でも、子どものおむかえはやっぱり奥さんのほうがやってるしなあ。

――ズバリ、みなさんが結婚相手に求める条件はなんですか？

**西田**　俺より稼いだり、男より頑張ったりするコは嫌！　ついでに言えば、仕事で俺より遅く帰ってくるのも嫌だな。

**向井**　やっぱ結婚なので、運命共同体になれるコ。つまり、思いやり？　僕の体調を気遣ってくれたり、僕が遅く帰った翌日には栄養のあるものを作ってくれたり、とか。なので家事ができない女性はちょっと……。もちろん、自分も相手に対して同じことをするつもりでいるよ。

**森野**　僕も向井さんに似ているかな。気を配れるコがいい。どっちかが疲れていたら、気遣って支え合える関係が理想なんだよね。あと、不満を溜めこんでヒステリックになる女性は嫌だな。不満が爆発して、後から「あのときのこれが嫌だったのよ」とか言われるの、あれは勘弁してほしい……。

**藤田**　わかるわかる。「仕事の都合でご飯を食べにいけなくなった」となっても、キィ〜！　って言わない女性がいいんだよね。

**向井**　あと、女友達が少ないコもちょっと不安になるかな。

**西田**　でも、男友達がやたら多いのも嫌じゃない？

**藤田**　俺は、妻には謙虚さを一番に求める。「私はこんなに頑張っているのに」とか夫に主張しないでほしいんだよね。今の彼女は、「私は謙虚」とか言って、意外に「頑張ってる」を主張するの。それにイラッとするんだよね。

**松尾**　僕も女のコにバリバリされるのは嫌。僕さあ、理系出身なんだけど、いつも学科で一番をとるのは女のコだったんだよね。そのたびに、なんでそんなに頑張るんだろうと思っていて……。

**西田**　たしかに、女のコってなんであんなに頑張るの……？

——モデルやキャビンアテンダントみたいな、ちょっと〝高嶺の花〟みたいな女性はいかがですか？

**西田**　憧れはあるけど、別に付き合いたいとは思わないなあ。

**向井**　そりゃお付き合いはしてみたいけど、結婚はもっと地味なコでいい。

**藤田**　モデルでも、性格が派手じゃなくてめちゃくちゃいいコ、というなら……。

**西田**　仕事で水着を着たりするわけでしょ？　無理！　クラブに行ってるようなコも嫌だし、タバコを吸うコも嫌だ。

**松尾**　ミスキャンパスに自分から応募するコも嫌だよね。

**西田**　そうそう、スカウトされて仕方なく……、というコならいいかも（笑）。

――みなさんの理想の結婚生活について教えてください。

**松尾**　土日に親が家にいる家庭にしたいな。自分はそれが当たり前だったから。

**向井**　僕もオヤジと同じ生活でいい。オヤジは自営業だったんだけど、普通に働いて、普通に土日は家にいて子どもと遊んでくれて、という感じだったから。

**西田**　できることなら子どもとサッカーを一緒にしたいね。

**向井**　それを言うなら僕は、夫婦でゴルフに行きたいかな。

**松尾**　あとは姑問題？　結婚したら、少なからずぶつかる問題だろうから、相手にはそこをうまくやってほしいんだよね。

**藤田**　でもやっぱ、自分の時間が一番大事かな。俺が渡す給料を喜んでくれて、サッカーをやらせてくれるコなら、それ以上はとくに望まない！

**全員**　うん、僕もまあそんなところかな。

**男子たちのファンタジーな言葉を信じてはいけない！**

・ハートが弱いから自分より稼がないで
・でも自分より早く帰って子育てもできる程度にゆるく働いて
・転勤になったらついてきて
・おこづかい制は嫌
・モデルやミスコンも自分から応募した人は嫌……

専業主婦を夢見る女子たちにとって、一番のターゲットとなりそうなモテ系サッカー男子を取材してみましたが……、残念ながら私には、この男子たちと彼女たちが結ばれることが想像できませんでした。なぜかというと、男子たちはもっと要求の低い女性を妻にしたがっているから。要求の高い彼女たちとはマッチングしないのです。「年収が６００万円あったら専業主婦になりたい」

という女子の発言に、みな「マジでー！」と悲鳴を上げました。冒頭、「僕は専業主婦OKです」と言っておきながら、「（600万円稼げたとしても）専業主婦は勘弁」と言う。**そう、彼らの「養いたい」願望は、まったくもってファンタジーなのです。**

では、女性には結婚後も働き続けてもらいたいのでしょうか？　ここで男子たちから出てくるのが、「ゆるく働いてほしい」というひと言です。なぜかというと、自分が家に帰ったときに明かりがついていてほしいから。あと、子育てはやっぱり妻にやってほしいし、転勤のときは仕事を辞めてついてきてほしいから。中には、「妻にもできれば400万から500万円稼いでほしい」と言う人もいます。これは、ゆるく働いていたのでは到底稼げない金額。そのあたりもファンタジーです。

また、彼らは「貯金がないコもお断り」と言う。私が以前に取材した大手商社に勤める独身男子たちは、「年齢×10万円は貯金があってほしい」と言っていました。例えば28歳なら280万円。自分の収入だけで養えないわけじゃないけど、妻になる女性には貯金をしようというマインドを持っておいてほしいのです。

金銭的に女性たちに依存されることを、独身男子たちはなぜこんなにも恐れるのでしょう？　それは、「自分の生活レベルを下げるのが嫌」だということもあります。一番大きい理由は、専業主婦の妻を背負って疲弊している「小遣い3万円亭主」の先輩たちを見ているから。ダブルインカムの人がポルシェに乗って都内のマンションに住んでいる一方で、専業主婦の妻を持つ人は郊外に家を買ってラッシュに揉まれながら通勤している。そして東日本大震災のときには、家が遠くて帰宅困難者になっていた。この現実を見て、「ひとりでは無理！」と白旗を揚げているのです。

ところがその一方で、みずから認めているように、「ハートが弱い」。だから妻には働いて稼いでほしいけど、自分以上に頑張ったり稼いだりはしてほしくない。なぜかというと、学校ではいつも女のコのほうが成績が上だったから。ずっと負けてきたから、結婚するとなると控えめで自分に勝とうとしない女のコがいいんです。そして、モデルも嫌、ミスキャンも自分から応募するようなコは嫌、となる。だからもし彼らみたいな男子との結婚を望むなら、「前へ前へ」という気持ちは出さないほうがいいでしょう。

しかし、彼らが望むようなゆるい働き方は、女性にとってもっともツラい働き方になります。フルタイムで働き、彼より早く家に帰って明かりをつけ、子育てもひとりでおこない、転勤のときは辞める。子育てで正社員を辞めて、再び正社員に戻るのは至難の業！　しかも400万円とは言いませんがそれなりに稼ごうとしたら、フルタイムパートくらいしかありません。そのフルタイムパートというのは、安い時給でこき使われることが多い。子育てしながら、ファミレス勤務、「週5日はやっぱりきつい」と実際に働いているパート主婦たちは嘆いています。正社員とパート、という夫との格差もはっきり生まれてしまう。結局働くよりは「じゃあ旦那のおこづかいを減らしちゃおう」となるのですが、独身男子たちはそうなることはちっともわかっていないのでしょうね。

何よりも、彼らが父親世代のように「おこづかい制」では満足してくれないことが将来問題になりそうです。取材した専業主婦で、彼ら「独身モテ男子」の将来の姿のような夫を持っている人は、「幸せ」と言いながらも、夫の実家に文句を言わず同居（二世帯住宅ではない、玄関、お風呂、キッチンも一緒の完全同居）するようなおとなしい奥さんでした。

とはいえ、そんな彼らが超売り手市場であるのが、今の結婚市場の現実です。だからこそ私は、独身女性の皆さんに伝えておきたい。現実味のない「専業主婦でOK」「俺が養う」という言葉に惑わされて、安易に仕事を辞めないで、と。いざとなったら男子たちは、「無理。やっていけないから働いて」と言い、「でも俺より早く帰れて育児に支障のない働き方をしてね」と言い出しますから！

# 第4章

# 夫のリストラ、離婚、給料カット……
# 絶対に知っておくべき〝専業主婦〟の落とし穴

## 一寸先は闇!? 専業主婦ライフが破たんするとき……

なぜ、これまで若い女性たちに、憧れの専業主婦ライフに水を差すようなことを言ってきたのか……それは「今の幸せ」は「未来のリスク」と隣り合わせだからです。専業主婦の2大リスクについて、生の声を聞いているからなのです。

専業主婦の2大リスクといえば、離婚か、夫のリストラや企業の倒産。このとき自分に収入があれば、どう対処するかの選択肢もいくつか出てきます。でも専業主婦の場合は、選択肢が大きく減ってしまうのです。

そこで、専業主婦になったものの家計が破たんしてしまった、というケースも紹介したいと思います。離婚や夫の給料カットなどを経験した、4人の元専業主婦たちのケースです。

## case1 気づいたらお金がなかった！　元バブル妻のつぶやき

長野友美さん（仮名）　43歳／子ども1人／パート事務職

……気がついたら、お金がなかったんです。なんでこんなことになったのか、今もよくわかりません。

夫とは、合コンで知り合って半年付き合ってから結婚しました。当時私は、正社員で事務の仕事をしていて、年収は400万円くらい。でも、結婚後しばらくして退職しました。子どもはいなかったし、仕事が嫌いというほどでもなかったけど、専業主婦に憧れていたんです。結婚してから4年くらいは、子どもを作らず夫婦2人の生活を楽しみました。夫はホテルステイが趣味で、しょっちゅう2人で海外リゾートホテルに行ったり、東京にいるときもたまに都内のホテルのスイートルームに泊まったりしていました。飲みに行くのも、ホテルのバーが多かったですね。

夫の仕事は、不動産会社のブローカーです。契約が成立したときのインセンティブ（報奨金）がけっこう大きかったので、年収は８００万円くらいあったんじゃないかと思います。でも、具体的にいくら稼いでいるのか、あまり気にしていませんでした。だって毎月、生活費は充分にもらっていたから。

私たち夫婦は、夫の給料振り込み口座とは別に、生活費口座というものを作っていました。毎月そこに、夫がお金を振り込んでくれていたんです。だから私は、決まった金額をもらってそれでやりくりするというのではなく、手もとにお金がなくなったらその口座から引き出す、という生活を送っていました。


**気がついたときには遅かった!?　厳しい現実に直面**

ところがあるとき気づいたら、この口座にお金が入らなくなっていたんです。そのとき初めて知ったんだけど、不況でマンションの売り上げが落ち、インセンティブがほとんど入らなくなった夫の年収は、８００万円の半分の４００万円にまで落ち込んでいたんです。実はかなり前から収入は減っていたけど、プライドがあってそのことをずっと言えなかったみたい。

それからはとにかく大変でした。埼玉にマンションを買ってしまっていたので、まずそのローンが返せなくなった。仕方がないので引き払って賃貸に出すことにしたんですが、埼玉はどんどん新しいマンションが建っている地域なので、中古マンションの借り手ってなかなか見つからないんです。今は、〝企業貸し（個人ではなく企業が借り上げる形）〟にしようかと考え中。これにすると、受け取れる家賃は少し下がるんですけど、なんとか月10万円弱ぐらいで貸せたら、と思っています。それでも、今返済しているローン額では足が出るんですけどね。

マンションを引き払った2年前から東京郊外の私の実家に、家族みんなで身を寄せました。生活費も以前は制限はなかったけど、今は毎月21万円だけもらって、いろいろ節約しています。相変わらずマンションの借り手は見つからず、ローンも払い続けているので、余裕はまったくないですね。

ただ、食材だけは、オーガニックとか、ある程度安心なものを買いたいので、節約していません。だって家族に、どこのものともわからないものなんて食べさせられないじゃないですか。そこは譲れないです。でもお金はないので、ほかは何も買えないし、子どもにも何もしてあげられない。

そんな生活なので、夫婦関係も当然ぎごちなく……。

こんな人生、まったく想像していませんでした。

**プチセレブライフのあまりに大きい代償**

ローンは返さなきゃいけないし、何よりお金がないのに専業主婦をしていてもツライので、今は月に10日間だけパートに出ています。以前、正社員として勤めていた会社に雇ってもらえたので、時給は1200円。今の時代には、かなりいい時給です。この収入が月に7万から8万円。幼稚園費に1万円払っているので、残りがローンの足し、という感じですね。本当はもう少し働く日数を増やしたいんですけど、体がもちません。夫は仕事が忙しく、子育てはまったく手伝ってもらえないので。子どもの朝ごはんは母が作ってくれるけど、幼稚園の送り迎えは私がやらなければいけないんですよ。母の助けがあるからなんとかやれている、という状態ですね。

それに、正社員になることを考えるより以前に、今をどうにかしないと、ということだけで精いっぱい。先のことまでは考えられません……。

こんなことになるとわかっていたら、もう少し貯金をしておけばよかった。出費の中で一番大きかったのは、交遊費ですね。海外旅行やホテルステイもですが、夫自身の出費も大きかったと思います。平日は家でご飯を食べることはなく外食ばかりだったし、飲みに行くのも高級なバー。そんな生活から余ったお金を私の生活費口座に振り込んでいたみたいなんですけど、あるときから余らなくなったんでしょうね。お金が入らなくなってきて……。ちなみに今の夫のおこづかいは、4万円です。

## 専業主婦ではいられなくなった今、気づいたこと

そんなに使っていたら給料が下がったときに危ないとか、深く考えたことはありませんでした。バブルを経験していたせいか、お金がなくなるなんて思わなかったんです。お金はずっとあるものだと……。

夫は今も、終電で帰宅の毎日。会社がどんどんリストラをしていて人が減っているので、給料は減っても仕事は前より忙しくなっているんです。かわいそうだから頑張りは認めてあげなきゃ、と思うけど、一度失った信用ってなかなか取り戻せないもの。離婚も考えたけど、子どもには父親がいるほうがいいと思ったので踏みとどまりました。それにどっちに転んでも良い悪いがあるなら、とりあえず離婚しないでやっていくほうを選ぼうかな、と。

専業主婦をしていたときは、「働きに出るなんて」と思っていたけど、今は子育てだけしていたときより世間への疎さがなくなったと思います。働く大変さも、わかりましたし。それに、いろんな人と知り合えたのも良かったと思います。外から見ているだけじゃ気づかないけど、みんな結構いろんな悩みを抱

えているんだって、わかりましたから……。

## もはや、〝当たり前の生活〟はありえない時代

この長野友美さんのケース、「気づいたらお金がなかった」というセリフが、とにかく印象的です。不動産業の夫の年収が下がるかもしれない、ということは、ちょっと世の中の景気の動きを見ていればある程度は予測がつくことかもしれません。**でも彼女にとって結婚は、自分を養う人が父親から夫に代わった、というだけのことだったのではないでしょうか。**お父さんの時代というのは妻が働かないというのは当たり前で、仕事も終身雇用で年功序列だった。それが夫の代になると、定年まで盤石にいける世の中じゃなくなっていた。夫も彼女も社会の変化に合わせて夫婦のスタイルを切り替えられず、破たんが起きてしまった。

これは、当たり前だったことが当たり前じゃなくなる、というリスクの代表的なケースですね。

たしかに彼女が夫婦2人で楽しんでいた時期は、まだバブルの残り香が漂っていて、お金をたっぷり使って遊ぶことが幸せだった。その感覚は、私もバブル経験世代だからよくわかります。しかし、幸せの価値観も変わりました。夫の年収をまったく把握していなかった、というのは辛いですね。さすがに、片目は開けておくべきなのに、両目をつぶっていたのです。

そもそも、彼女がしていた、海外リゾートに行ってホテルステイもしょっちゅう、という生活は、バブル時代の共働き夫婦なら可能。でもこれを夫の年収800万円の専業主婦世帯でやってしまうと、貯金はほとんどできません。

今もまだまだ昔の感覚が抜け切れていないところはあって、食に関しては妥協がない。あと、「お金がないと子どもに何もしてあげられない」という感覚も、お金がないならないなりに、できることに切り替える方向を見ていないのかもしれません。それでも彼女は、勤めていた会社とのつながりを切っていなかったことが不幸中の幸いでした。おかげで比較的いいパートにつけて、実家にいれば、なんとかやりくりすることができていますから。

## 〝フリーライダー〟人生の大きな落とし穴

でもこの40代の長野さんの感覚は、第2章で私が取材した30代専業主婦の方たちと、そう変わらない気がします。浪費はしていないけど、生活はギリギリ。お金を使っていた先がホテルやバーからコストコに替わっただけ。生活費の収支はオーバーしているんだけど、リスクに関しては目をつぶって見ていないんです。

あの専業主婦の女性たちにも、「家計を自分で管理したくない」という人がたくさんいました。あれもやはり、養い手が父親から夫に代わっただけ、という感覚の表れだと思います。親元にいたときは、誰が家計を握っていようが、ただおこづかいだけもらうという生活をしていて、そのおこづかいをくれる人が夫に代わっても、同じように家計を見ない。

依存先をお父さんから夫に乗り替えることが結婚と思っている人たちを「フリーライダー」といいます。このフリーライダー志向は、長野さんの世代も今の20代独身女性たちも、まったく変わらない。でも、これからの時代はお父さんから夫への乗り替えをして、ずっとそのまま行ける人はごく僅かです。

長野さんは、働き始めたことによって「みんなそれぞれ悩みがあるんだ」ということに気づきました。同じようにうわべは幸せそうな家庭も中身はいろいろ。家の中にいれば、異質な考えが入ってこないから、見たくないものを見ないようにすることもできました。でも彼女は、働くことによって無理やり片目は開けさせられたわけです。

とはいえ、マンションの借り手がつかないまま2年以上放置していることは、夫婦ともに未だに昔の感覚のままなのかもしれません。「自分が正社員になるより、夫のお給料が元に戻ってほしい」というのが長野さんの願い。それは多分難しいと薄々はわかっているのに、望んでしまうのです。

case2

## 寝耳に水！　突然夫から離婚宣言!!

山本広子さん（仮名）　37歳／子ども1人／建設会社事務職

夫は同じ大学の1年後輩。入学してきてすぐ、頼みこまれて付き合い始めました。私は子どもの頃から結婚願望が強かったので、「将来、結婚してくれるなら付き合う」と条件を出したところ、「わかった」と言ってくれました。後から夫は、「女の人って付き合うときは結婚を考えるものなんだ、と思った」と言っていたので、多分女性と付き合ったのは私が初めてだったんだと思います。そのまま私と結婚してしまったので、思えばこの女性経験の少なさが仇《あだ》になったのかもしれません。なぜなら夫は、浮気をしていたかもしれないから。

私は静岡の出身でしたが、結婚のことも考えて、東京の大学を卒業後はそのまま東京で就職。翌年、夫も商社に就職しました。結婚したのは私が27歳、夫が26歳のときです。新居は、夫の両親が買ってくれた東京都内のマンション。義父母も近くに住んでいました。

## ちょいマザコン夫からの、唐突な離婚宣言のナゼ??

夫はひとりっ子で、結婚するまで靴下も母親が準備してくれる、というような生活をしていました。結婚してすぐ、夫が熱を出しツラそうにしていたので、「肩でも揉もうか?」と言ったところ、「いい! それより母親を呼んで!」と言われたこともありました。また、私は結婚後も仕事を続けていたので、義母が「食事の支度が大変でしょ」と、毎日ご飯を作って届けてくれるように。仕事が終わって家に帰ると、いつもドアノブに食事を入れた袋が引っかかっているので、ちょっと怖くなり、夫にやんわり「お母さんが疲れると思うから、毎日はいらないと伝えて」と言って伝えてもらいました。そんな母親のひとり息子で育ってきた夫なので、家事はまったく手伝ってくれませんでした。でも夫婦仲はよかったんです。30歳のとき、妊娠したのを機に仕事を辞めました。その後、娘が生まれて、夫も娘のことはすごくかわいがってくれていたのですが……。

家計は、私が働いていたときはバラバラでやっていましたが、子どもができて仕事を辞めてからは、月に10万円ほど夫からもらっていました。外食も買い物も家族ですることが多く、ほとんど支払いは夫がしてくれていたので、渡されるお金は10万円で充分でした。

34歳のとき、夫に「そろそろ2人目が欲しい」と伝えました。すると、その数日後の、ある日曜日のことです。夫と娘と3人で買い物に行き、帰ってきたところで夫から、「話がある」と切り出されました。なんだろう？　と思ったら、いきなり「離婚したい」と言われたのです。

## 到底納得できない離婚理由

仲が悪くなっていたわけでもないし、その日も普通に買い物に行って楽しそうにしていたし、ここだけの話、SEXもちゃんとあったので、本当に寝耳に水でした。でも夫は、「気が合わない」と言うのです。「結婚して6年もたって、今さら気が合わないというのはないでしょう！」と思いましたが、その合わない理由を50個ぐらい、延々と並べられたのです。「まず、部屋が汚い」「僕が雑誌を大事にしているのを知っているのに、読んだ雑誌をそのままにして棚に戻していなかった」「子どものオモチャがなくなったのに、どこかに紛れちゃったのかな、と気にしていなかった」など。そしてトドメは、「君は子どものことばかりかまって、僕がこんなに寂しい思いをしているのにまったく気づいていない。それどころか2人目が欲しいと言うなんて、信じられない」と言われたんです。

イチャモンとしか思えないのですが、私は別れたくなかったので、「全部直すから!」とすがりました。でも、「失敗してはいけない!」と思うあまり、緊張して食器を落として割ってしまったりする日々が続き、だんだん過呼吸を起こすようになりました。そんな私の様子を察したのか、娘の様子もおかしくなって。それで私も「これではいけない」と思い、静岡の実家に帰ったのです。

思えば、「別れたい」と言い出す1年前くらいから、夫はひとりで寝室にこもってメールをしていることがよくあり、もしかしたら浮気をしていたのかもしれません。でも聞いたことはないので、真実はわかりません。もしかしたら、ひとりっ子で常に母親の関心を独占してきた人なので、娘ができて初めて「自分が一番じゃない」ということを経験し、その不満が募ったのかもしれません。

**何があっても二度と仕事は辞めません!!**

実家に帰ったものの、「離婚はするもんか！」と思っていました。別居して10年くらいは離婚しないまま引っ張れる、ということを知っていたので、それまで粘ってやろうと思っていました。もしも浮気だったら、離婚してその女性と一緒になるかもしれない。夫だけ幸せになるなんて許せない、と思ったのです。

ただ、別れて暮らすことになってしまったので、まず悩んだのは生活費です。私は専業主婦だったので収入がなく、両親も年金暮らし。住むところはあっても、娘を養っていくために仕事を探さなくてはなりません。でも幸運なことに、父親のツテで、地元の建設会社が、事務職でいいなら、と正社員として採用してくれたのです。給料は手取りで15万円ほどと少ないのですが、家賃や生活費は親と同居でかからないので、充分やっていけてます。加えて、夫から養育費として毎月7万円をもらっています。

それから1年ほどすると夫も気持ちが落ち着いたのか、あるいは浮気相手と破局したのか、ときどき私たちに会いに静岡まで来るようになりました。娘の小学校の入学式や参観日にも参加してくれます。

**でも、ヨリを戻すつもりはありません。一度あんなことがあったから、というのもありますが、何より、せっかく見つけたこの仕事を失うのが怖いのです。**この仕事を辞めてしまったら、二度と正社員の仕事なんて見つからないと思うので。それでもしまた夫に捨てられたら、本当に食べていけなくなってしまいます。

会社に置いてくれるなら、トイレ掃除でもなんでもやる気でいます。とりあえず会社に毎日行ってさえいれば、このお給料はずっともらえるのですから、絶対辞めたくありません。

## 夫が子どもに嫉妬して破たんするパターンは少なくない！

子どもができてから夫がいろいろなことに不満を抱くようになり、破たん……。日本ではありがちなケースです。子どもっぽい男性は、妻の関心が子どもばかりに向くことに嫉妬します。普通は一緒に親になることを学んでいくのに、親になりきれない夫もいるのです。その結果、離婚まではいかなくとも、夫婦仲が冷え切ってしまう。そのまま何十年もいってしまうケースも聞きます。

山本さんの場合は、そこから一方的に離婚を切り出されたわけですが、このとき自分にまったく収入がなかったため、立場が弱い。離婚をしたら食べていけなくなるので、「全部直します！」とすがるしかなかった。

専門家に聞いたところ、婚姻費用（生活費）をもらいながらの別居や慰謝料を請求することもできるわけですから、過呼吸になるほど我慢する必要はなかったのかもしれません。しかし、彼女は専門家に相談するなどの戦う術《すべ》を知らなかった。一度社会から離れてしまうと、情報が入りにくくなってしまうのかもしれません。

信頼していた夫から精神的にも傷つけられ、経済的にも大きな不安を抱え、泣きながら実家に逃げ帰るしかなかった。もし「正社員だったら」、経済的な不安は少しは軽かったかもしれません。今夫は自分の都合でなし崩しに復縁しようとしています。ただ、すでに彼女は自分の足で立っています。運よく正社員の仕事を見つけたことで、「トイレ掃除でもなんでもして会社に置いてもらう！」という強い気持ちが芽生えていた。こうして女性は「稼ぐ女」になるのです。彼女は、一方的に離婚を要求されるという経験を通して、仕事を失うことがどんなに怖いことかを学んでいたのです。

そう、結婚で一番不確実なこととは、夫の給料ではなく夫の気持ちなんです。どんなにいい人でも、ひょっとすると……ということはあるかもしれません。漫画家の西原理恵子さんも言っていましたが、「この世に絶対に浮気しない夫と、絶対に潰れない会社はない」のです。

## 夫婦仲をメンテナンスする努力も必要

このケースを、ただ夫が子どもっぽくて不運だった、と流してしまうのは危険です。多くの夫婦は、子どもがいない間は恋人関係だった時代とそう変わらずに、いい関係でいられます。でも子どもが生まれると変わる。変化した関係をメンテナンスしていくことが必要なのですが、日本人はそこにコストや労力をかけない。

以前、フランスの夫婦をインタビューしましたが、フランスの夫婦はちゃんとその努力をしていました。フランスは、子どもを8時には寝かせてしまう家庭がほとんど。そうして、その後の夫婦2人きりになる時間を、とても大切にしているのです。それだけではありません。定期的にベビーシッターに子どもを預けてデートをしたり、旅行をします。でもこれは決して子どもを邪魔に思っているわけではありません。「家族のため」と誰もがはっきりと言います。

フランス女性は小さな子どもを持ちながらも働く人が8割ですから、仕事も子育てもとなると、やっぱり疲れて夫婦関係はおざなりになってしまう。恋愛大国といえど、仕事と子育てを両立させる女性の苦労は同じ。しかし、そこで夫婦が男と女としても向かい合う努力をしないと、夫婦仲が悪くなって、結局は子どもにも悪影響を及ぼす。子どもを置いて夫婦だけで出かけるなんて子どもがかわいそう、ではなくて、夫婦仲をサボって仲が悪くなったら逆に子どもがかわいそう、という考え方なんです。

でもその根底には、「努力しなきゃ」というより、やはり愛し愛されることが人生の喜び、という意識がありました。

山本さんは「浮気をされたり離婚を切り出されたりしたときの立場を弱くしないためにも、仕事は続けておいたほうがいいと身にしみた」と言います。さらに、子どもができたら、子どもを間にした夫婦関係のメンテナンスをしていくことも重要だと教えてくれました。

自分の人生を考えるとき、結婚と仕事とを切り離して考えることがオススメです。

## case3 子どもに向き合わない夫……。離婚に備えて就職準備中

田辺和歌子さん（仮名）　40歳／子ども2人／お掃除パート

結婚したのは26歳のときです。夫とは大学で知り合ったのですが、卒業後、夫は東京、私は関西で働いていたので、結婚するときに仕事は辞めざるを得ませんでした。楽しくてずっと働いていきたいと思っていたけど、「じゃあ手に職を」といったほどのキャリア志向は持っていませんでした。

結婚してから子どもができるまで3年ほど、短期派遣の仕事を繰り返していました。その頃は好景気で仕事がいっぱいあったし、子どものいない主婦は時間の自由もきくので、派遣の仕事は途切れなくありました。それに夫の仕事は転勤があることがわかっていたので、正社員になる気もなかったんです。

結婚して3年後、夫は海外転勤になり、その間に子どももできました。帰国してすぐ2人目もできたので、働くどころではありませんでした。そして帰国後、夫は何度か転職をしました。ＩＴバブルで景気の良かったときには、外資

系企業に転職し、年収もピーク時は2000万円くらいあったと思います。でも、当時の私は優雅な生活とはほど遠く……。というのも夫は忙しくて家にはまったく帰ってこないし、私は、上の子どもが病気を抱えていたこともあって子育てに必死でした。まさに、過労で夫が先に死ぬか、私が先に死ぬか、それほどギリギリの状態でした。

## 不況を機に露呈した、夫のバブルな金銭感覚

そうこうしているうちに、リーマンショックを機にした不況が。夫の給料も半分に下がり「激務なのにこの給料ではやっていられない」と再転職。ますます給料は下がってしまいました。私自身は、夫が働きすぎて体を壊すんじゃないかと心配していたので、転職して給料が下がったことはそれほど気にしていませんでした。

でも当の夫が、浪費癖がひどくて。夫はバブル世代で、お金を使う癖みたいなものが身についていたようです。朝昼晩外食だし、後輩にもじゃんじゃん奢

る。「使うほうがいい」みたいな感覚でした。一応、夫のおこづかいは10万円にしているんですけど、到底足りず、マイナスになった分はボーナスで補塡。そのボーナスから残ったお金をかろうじて貯金にまわす、という状態でした。しかも夫はパチンコが好きで、そこにもお金を使ってしまう。「ストレス解消だ」と言うけど、「そんな時間があったら子どもと遊んで」と理解できませんでした。あまりに価値観が合わないので、いい加減やっていけないな、と思い始めて。そんなわけで、離婚も選択肢に入れた人生を考えたいと思い、働こうと思い始めたのです。……が、一度社会との接点を断った主婦が、再び働きだすことがこれほど大変だとは思いませんでした。

**こんなに厳しい、主婦の再就職**

とりあえず資格を、と思って宅建の資格を取ってみたのですが、世の中は資格よりも実務経験を求めます。全然雇ってもらえませんでした。順番を間違えていました。とりあえずなんでもいいから働いてみて、そこから有益な資格を取っていくほうがよかったのです。

**ところが、実務経験を、と思っても、ここでぶつかるのが時間の壁です。どの仕事も月から金のフルタイムか、または土日のどちらか出ることを求められる。**子どもがいる主婦にとっては、かなり高い壁です。仮に「平日全部働ける」と言っても、「子どもはどうするの?」と聞かれる。「学童保育に預けるので」と言うと、「じゃあ熱を出したらどうするの?」と畳みかけられる。「親は近くにいるの?」「きょうだいは?」などと聞かれて、「いない」と正直に答えると採用してもらえません。主婦が働くためには、自分の時間をしっかり確保してからじゃないとダメなんだ、ということを痛感しました。

**お掃除の仕事で、完全に腹が据わった!**

そんな中、ママチャレンジという再就職講座に通い始めたんです。ここで、「とにかく働け」「人手が必要そうなところを狙え」と教えられました。止まっていてもしょうがない。思い切って週に1回だけお掃除の仕事を始めたんです。

いわゆる、家事代行というやつですね。部屋の掃除をしたり子どもの世話をしたり、家の人が帰ってくるまでに料理の下ごしらえをしたり。ここなら、とにかく人手が必要なので誰でも雇ってもらえるんです。

この仕事を始めたときは、正直「なんで私がこの仕事を？」と思いました。一方で、この仕事ができるかどうかが自分の中でのボーダーラインのような気がして。例えば、「世の専業主婦にこの仕事ができるか？」と考えたりします。なんというか、「これができたら人生どうにかなる」という気がして、それなら腹を据えてやってみよう、と思ったのです。この仕事しか雇ってもらえなかった、という現実にぶつかって、自分の実力もよくわかりましたしね。

**細く長くでもいい、仕事を辞めないで！**

実はお掃除の仕事をしていることも、再就職を考えていることも、夫には内緒です。というのも、夫は私が働くことに反対な人なので。子どもが小さかったときに一度、土曜のパートに出ようとしたことがあるんです。そしたら夫に、

「俺が見られないときもあるだろう」と言って反対されました。多分、自分の休日を拘束されるのが嫌だったんでしょう。ケンカしたくなかったので折れましたけど。

こんなこともありました。以前、夫がいつ倒れても大丈夫なようにと思い、夫に生命保険をかけようとしたんです。そしたら「かけ金はお前が払えよ。お金を受け取るのはお前なんだから」と言われて。そのかけ金を稼ぐためには働かなきゃいけないのに、でも働かれるのは嫌だと……どっちも夫は不愉快だったのです。

専業主婦になりたい女のコたちの気持ちはよくわかります。私も結婚した頃は、「なんで働かなきゃいけないの?」とか、「結婚したら人生変わるかも」なとど思ってましたから。**でも仕事は細く長くでもいいから続けておいたほうがいい。そうすれば人生の選択肢が増えるから。スッパリ辞めてしまう必要はないと思います。**

私も今になってみれば、仕事を辞めなければよかったと思うけど、気づくのが遅すぎました。一回辞めてもまた戻れる社会だったらいいけど、日本はそうじゃないから。そういうこと、もうちょっと誰かが教えてくれていたら、もう少し頑張ったのにな。でも誰も、教えてくれなかったんですよね……。

## 子どもの病気を前に、夫婦の価値観がすれ違い

以前の半分になったとはいえ、年収1000万円の夫を持つ奥さんが「お掃除の仕事」をする。田辺さんの働く覚悟、離婚を視野に入れた覚悟は本物だと思いました。

高収入の夫でも年収が半減することもあるし、子どもが病弱だったり、親が要介護になったり、結婚生活にはいろいろなことが起きます。そこに対処できないのは夫のほうで、田辺さんは今真剣に離婚を考えています。

夫は、子どもの病気を受け入れて一緒に考える、ということができなかった。それどころか現実逃避で家から遠ざかろうとしています。

結婚して専業主婦になって子どもができて……という幸せが当たり前に手に

入ると思っている独身女子も多いのですが、１００％健康な子どもが生まれる保証なんて本当はどこにもない。そのときになってから、対処していくしかない。

夫は、収入がどんどん下がっても浪費癖が抜けない一方で、田辺さんは、子どもの将来のためにも貯金しなきゃいけないと感じ始めた。母親は夫のためではなく、子どものためなら働くべきときは働きます。ただそこで、社会との接点を一度断った主婦の再就職がこんなに大変だったとは！　と驚愕するわけです。

専業主婦で仕事のブランクが長い人は、いざ就職をしようとしたときに、自分の武器になるものが何もないことに気づきます。こういう夫の妻だ、ということはなんの資格にもならない。そうじゃなくて「子どもが熱出したらどうするの？」とか「土日も働けるの？」とか、そういうところでジャッジされてしまいます。雇う側だってリスクが少ない人を雇いたい、というのは当然のことですから。

田辺さんのすごいところは、自分の現実を認めてお掃除の仕事から始めたこと。この腹のくくり方が素晴らしい！

## 細く長く社会とつながることでリスクを避ける

田辺さんが専業主婦になったのは、「なんとなく」でしたが、子どもが病弱だったことで、さらに復職のタイミングを失ってしまった。これだけしっかりしている人でも、専業主婦になってしまったことで、自分の足で立つきっかけがなかなかつかめないでいます。ここで田辺さんの、「一回辞めてもまた戻れる社会だったらいいのに……」というつぶやきが重く響いてきます。よく、「就職列車は一度しか止まらない」と言われますが、本当にそのとおりで、男女にかかわらず、正社員採用は新卒のとき1回しかチャンスがないと言っても過言ではないでしょう。

**〝女性は結婚したら仕事は辞める〟という価値観は、今では薄くなっているけ**

**ど、それでも現実問題、6割の女性が出産で退職しています。**出産するとなかなか正社員の仕事は続けていけない。そういう制度があっても風土が許さない会社も多いし、だいたい働く女性の5割は非正規雇用ですから、育児休業などの制度を使える人も半数です。女性が仕事を辞める理由の2位が「夫の転勤」です。夫の転勤先に転勤できるような制度は全国支店を持つ大きな会社だけ。しかし、再就職をしようとすると仕事は見つからない。日本社会では、女性は自分の意思とは関係なく、働き方を変えざるを得ないケースが本当に多いのです。女性が割を食ってしまう構造なので、働くことをあきらめてしまう女性が多いのもわかります。でもそれを嘆いていても仕方がない。制度や社会の変革を待っている暇はないのですから、自衛していく努力が、いざというときにものを言うのです。

だから田辺さんのメッセージ「細く長くでもいいから続ける」ということが重要になってくるわけです。何もすべての仕事をスパッと辞める必要はない。

細くでも続けていれば人間関係がつながっているし、働く「筋肉」も鈍らないから、またフルタイムで働く「体」にも戻りやすい。実際に会社というのは、突然「雇ってください」と来た人間には厳しいけれど、顔見知りの人には意外にやさしいものだったりします。

「保育園に預けると割が合わない」という意見もあります。確かに短期間で見れば、今は損かもしれません。しかし、そこは長い目で見てプラスになると考えて、目先のコストは我慢したほうが、今の時代、先々お得になります。子どもが大きくなるまで、ほんの4年から5年のことですから。その時期を頑張って、その後の人生の収支がプラスになるようにすればいいのです。

## case4　結婚してみたら夫と性格が合わず、そこから再就職&離婚

柏木良美さん（仮名）　32歳／子ども1人／出版社社員

離婚の理由は、自分が働きたかったことと、夫と合わなかったことと、半々

ですね。
夫とはできちゃった婚でした。自分が専業主婦向きの女じゃないことはなんとなく感じていたのですが、勤めていた出版社の仕事がハードだったことや、夫の年収が高かったこともあって、妊娠を機に仕事を辞めて家庭に入ったんです。

専業主婦になりたくないと思っていた理由は、母にもあります。母は専業主婦だったのですが、父が亭主関白ですごく自由がないように見えたんです。父と母はかなり年が離れていて、しかも私は3人兄妹の末っ子。だから同じ世代のお父さんと比べると父はかなり年上で、考え方も古かったんですよね。さらに自分で会社を起こして財を成したような人だったので、押しも強く、「女が働くなんて」という考え方を持っていました。そんな両親の関係を見てきたので、家庭に入ることには抵抗があったんです。

**条件のいい主婦生活も、夫と性格が合わないと……**

でも、私の専業主婦生活自体は決して悪いものではありませんでした。かわいい子どもとずっと一緒にいられるし、自由な時間もたっぷりある。だから出産半年後から、子どもを背負って近所の編集プロダクションにお手伝いに行っていました。専業主婦というのは、時間とお金を気にせず、自分のやりたいことにチャレンジできる立場だと思います。ただ、夫と性格が合わなかったんですよね……。それで、専業主婦生活がだんだんとツラいものになってしまいました。

夫とは、飲み仲間の紹介で出会いました。私も夫もマスコミ勤務で、会社は違うけれどどちらも不規則な生活をしていたので、夜中に「今から飲みに行こう！」となっても時間が合ったんです。それでよく2人で飲んでいたら、夫から「付き合ってほしい」と言われました。私はそのとき彼もいなかったので、「ま、いいか」と軽い気持ちでOKしたんですよね。ところが付き合い始めてわりとすぐに、妊娠してしまって。その頃の私は中堅出版社に勤めていたのですが、これがとにかく激務だったんです。みんな24時間365日態勢で働いているし、女性は結婚することすら後ろめたい雰囲気が漂っていました。育休なんてとんでもない！　だから、ずっと転職しようと実際に活動もしていたのですが、そんなさなかでの妊娠判明でした。

一方の夫は結婚願望が強い人で、妻には家に入ってもらいたい、というタイプ。年収も1500万円ぐらいあったので、私は一回仕事を辞めて専業主婦になることにしたんです。

### 〝稼いでいない〟立場の弱さを実感

そんなわけで、夫のことをよく知らないまま結婚してしまったものですから、いざ結婚して一緒に生活をしてみると、いろいろ気になるところが出てきてしまって。

まず、育児にはまったく協力してくれませんでした。しかも夫は昼と夜が逆転した生活を送っていた。子どもが起きる頃に寝て、子どもが寝る頃に起き出して仕事に行く、というような。そのため子どもはすっかり父親に対して人見知りするようになってしまい、私もなんのために一緒に暮らしているのかわからなくなってしまいました。

**でも、何も言えないんですよ。なぜなら専業主婦だから。稼いでない以上は、夫に何かを要求することはできない、と思っていたんです。**

このままじゃやっていけない、と思った決定打は、夫の金遣いでした。麻雀が好きで、かなりの金額を賭けにつぎ込んでいたのですが、あるとき一晩で80万円すったんですよ！　通帳を見たら急にお金が減っているのでビックリして。夫に聞いたら、隠して答えようとしなかったんです。

それが、子どもが2歳を過ぎた頃の出来事です。これをきっかけに本格的に離婚を考え始め、まず就職活動を始めたんです。

**作戦勝ちの就職活動で、見事再就職！**

ここで私は徹底的に戦略を練りました。まず、再就職するなら経験のある出版社が有利だろう、と。でも子どももいる自分がいきなり応募書類を送っても、その時点で落とされてしまうだろうと思いました。そこで私はその出版社の社長に宛てて、手紙を書いたんです。「私は子どもがいるけど、夫が協力的なのでフルに働けるし……」など。離婚するつもりではいたんですが、シングルになってしまうと就職には不利だと思ったので、仕事が決まるまでは表面上は普通の結婚生活を続けてました。

そのおかげで合格！　その後、夫と離婚し、実家の近くに引っ越しました。働き始めて思ったことは、「働くほうがラクだ！」ということです。自分が夫に依存できない性格だったし、夫をうまく転がして自分の思うようにする、ということも苦手でした。専業主婦の友達ともあまり気が合いませんでしたしね。

離婚当初は子どもに悪いな、という気持ちもありましたが、一緒にいる時間と環境を整えることで、ある程度のリカバリーはできたと思っています。夫と子どもは月に2回面会しているのですが、すれ違い生活を送っていた当時より、かえって接触がふえた感じです。だから夫と子どもは今は親友みたいな感じで、会うとすごく楽しそうだし、連絡もよく取り合っています。そして何より、働きだしたことで私が生き生きし、前夫との関係性もよくなったので、子どもも伸び伸び伸びしてきたんです。よく子どもを理由にして別れない夫婦がいますが、夫婦仲が悪いまま一緒にいても、かえって子どもには良くないと思うんですよ。今は、貧しくても子どもと2人、笑いながら生きていきたいと思っています。

夫が違う人だったら、ということはまったく思いません。やさしい人だったし、何よりかわいい子どもを授けてくれましたから。だから、もし就職が決まっていなかったら、今も不満を抱えながら一緒に暮らしていたと思いますよ。

## ダブルスタンダードに揺れ動く30代女性たち

柏木さんの場合は、本来は働く女性として優秀だったのに、うっかり専業主婦になってしまった、というケースでしょうね。

今の30代は、お母さんが専業主婦だったりすると、働くことが好きな人でも

「やっぱり自分もそうなるべきかな」という昭和のスタンダードが刷り込まれている。こういう人は少なくない気がするんです。ダブルスタンダードです。親から教えられた価値観と、自分が持っている価値観とが違っていて、その間を行ったり来たりしてしまう。

そこで柏木さんも、一回は家庭に入ってみたんだけど、やってみたら向いていなかった。でもこういうときは、すぐに切り替えるのが本当は自分にも子どもにも良いようです。結婚は、「してみたら間違いだった」ということはいくらでもあるもの。36％が離婚する時代です。無理して続けないで、さっさとリセットする方向に切り替えたほうが体にも心にもいいと思うのは、我慢しながら暮らす主婦より、柏木さんのほうが、人として女性としてキラキラと輝いていたからです。

**専業主婦になったものの、本当は仕事の才能に恵まれていて働くほうが向いている、という人はいっぱいいると思います。ただしこれからは、向いている向いていないの問題ではなく、女性も働くことが当たり前の時代です。**というよりも、経済的にはとっくに当たり前なのですが、社会の制度と意識が追いついていないだけです。

しかしcase3で紹介した田辺さんのように、いざ働こうと思っても専業主婦が就職先を見つけるのは難しいもの。ここで田辺さんと柏木さんが決定的に違っていたことは、仕事のブランク期間です。柏木さんは仕事をやめて間もなかったし、何より子育て中も編集プロダクションの仕事を手伝っていました。このおかげで、仕事の勘というものが鈍っていなかった。これは大きかったと思います。あらためて、田辺さんが言っていた「細くでも続ける」ということの重みを感じますね。

さらに、普通に試験を受けても通らないだろうと思い、社長に直談判の手紙を書いた。これが結果的に功を奏したと本人は言っていましたが、これもやはり、長く社会から遠ざかっていたらなかなか思いつかない戦略です。

## リスクを負ってみて、ダメだったらやり直すのも手

柏木さんのお話を聞いてあらためて思ったのは、一回くらい失敗してもいいじゃないか、ということ。失敗したらまたやり直せばいいんです。

独身女性たちは、失敗したくないからとすごく慎重になって、ズルズルと結婚そのものができないでいます。そうすると、そのまま出産の機会も逃してしまう。リスクを避けるあまりのリスクですね。

柏木さんに「結婚して離婚したことをどう思っているか」と聞いたところ、「いや、人生ややこしくしちゃったなとは思いますね、ハハハ」と言っていたのが印象的でした。多少の失敗をしても、そうやって後で笑える自分であれば、それでいいと思うんですよね。柏木さんはリスクを取った結果、今までより自分らしく幸せな人生を生きられている気がします。しかも子どもがいる、これは最強のパターンです。実際に私のまわりでも、早くに結婚して離婚したけど子どもはいて仕事もある、という人は、子どもが大きくなった後、自由に楽しく生きています。超年下の彼氏がいたり、渋い年上のバツイチ男性と再婚したり

……。

こうやって見事に人生をリセットした人の話を読むと、迷っている時間はもったいない。「年収が」「年齢が」などと結婚をためらっていないで、とりあえず一歩踏み出してみる。リスクのない結婚はないし、完璧な人生設計もないのですから。

ただ、間違えたらリセットできるだけの情報や人脈、実力、つまりリスクヘッジがあればいい。やっぱりそのためには簡単に仕事を辞めず「細く長くでも続ける」という選択が必要なのだと、結婚が破たんした女性たちの重い言葉を聞いて、思いました。

## 専業主婦の再活という道のり

### なぜ子育てで一度専業主婦になると再就職できないのか？

ウーマノミクスは専業主婦には関係ないもの、と思っていませんか？　専業主婦の再就活を安倍政権の掲げる政策と合わせて考えてみました。

安倍政権のウーマノミクスは、正社員女性の活躍推進だけでなく、「専業主婦の再活用」が含まれています。その波にのって、求職活動中の主婦の方を取材しました。前職は有名エンタメ会社で、ブームまっただ中のアニメの仕事を担当し、年収６００万前後だったという詩織さん（仮名・36歳）。現在小学１年生の子どもの出産を機に退職し第2子にも恵まれ、第2子が小学校に上がる２０１５年４月をめどに仕事に復帰したいと言います。ブランクは約10年。しかし、この求職活動は苦戦に次ぐ苦戦の結果となります。

前述のように、日本の子育て女性たちは1回離職して専業主婦になると、後はなかなか正社員の職にはつけず、年収も回復しない。ほとんどが年収100万前後のパート主婦となるという現実があります。

それはなぜか？　仕事をしても、家族にとっては「主婦」という立場のままで、仕事に復帰しようとするからです。

「3時までには帰りたいんです。子どもが学校から帰ってお稽古ごとに行くから。それから今まで主婦だったんで毎日はちょっときつい。でも仕事はレジ打ちとかじゃなく、会社で働きたいんです」

**彼女が働きたい時間は、家族の用事がない時間。主婦の主な資源は時間財ですから、夫も子どももたちもいつも自分の都合に合わせてくれる人材がひとりいてくれるということになる。**家族に対して時間財を使うことはそのままに、働こうとしているわけです。

しかし、日本では「時間制約」がある人が正社員として、ある程度の年収を稼ぐのは非常に難しい。

詩織さんにも、ウーマノミクスの恩恵はありました。2013年度からスタートした、中小企業庁による「中小企業新戦力発掘プロジェクト（主婦等の再就職支援）」を請け負う派遣会社の研修に行ってみたそうです。

育児などのために一度離職し、再就職を希望する主婦の皆さんが「新戦力」。彼女たちに、中小企業や小規模事業者の現場に触れながら、職場経験のブランクを埋める機会を提供するというものです。いわば「リ・インターンシップ」ですね。受け入れ側の企業に援助があるだけでなく、実習する主婦の方にも、研修だけで日額5000円以上が支払われるそうです。

「しかし、現実は甘くなかった。『4時まで』で『毎日』の仕事ならあるんです。後は『土日も出勤可』かどうか聞かれます。3時までで、土日は出られないとなるとほとんど仕事はありませんでした」

**3時と4時のたった一時間。この一時間の差で仕事ができない！**

「どこの登録会に行っても、条件だけで落とされます」

専業主婦からの場合「自分の働ける時間」と「もしものときに子どもを見てくれる子育て補助要員」の確保がないと、再就職はパートといえど厳しい。

働く時間を確保するために、利用できる制度はないのでしょうか？

## 子育て後に働くって、いったいいつ？

「小学校からは学童保育とかは無理なんですか？　今はお稽古の送迎つきの民間学童もありますよ」と尋ねました。

「それだと高いんですよね。うちのあたりでは、小3ぐらいになると今度は子どもが学童に行きたがらないんです。マンションの共有スペースで友達同士遊ぶようになる。友達が行かなくなると、どうしても学童を嫌がります。うちのマンション周辺にもいつも十数人子どもがたむろしています。誰も見ている人がいないので、遊んで騒ぐし、問題になっています」

詩織さんが住むのは都心のタワーマンション。都心なのでいくらでも仕事はありそうなのですが……。

「幼稚園と違って、地元の小学校のママ友で仕事をしているのは三分の二ぐらい。ずっと正社員で働いている人以外は、みな子どもが小学校に上がってから、近所のモールでレジ打ちのパートです。だからレジとかで嫌なことがあっても周りに言えないいんですよ。だって小学校とかでその人に会うかもしれないじゃないですか？」

詩織さんが望むオフィスワークにつける人はなかなかいない。

「政府が主婦にやってほしい『子育て支援員』などの仕事はどうでしょう？ファミリーサポートなどで他人の子どもを見るという仕事もあります」

「子育てからやっと少し解放されるのに、また子どもを見るのはちょっと……。人の子どもまで面倒見るほど、子どもが好きじゃない」

まあ、気持ちはわかります。

**女性が仕事を辞めるのも「子どもがいるから」なのですが、「子育てだけの毎日は辛い」からと再び働き始める。こういった例もたくさんあります。**

多くの主婦が子どもが幼稚園に入る3、4歳から中学生ぐらいまでの間に、

「もう一回働き始めたい」と思うようです。

しかし、多くの人が「条件に合う仕事がない」と先延ばししてしまう。

読売新聞サイトの「発言小町」にも、いつから働き始めればよいのか、迷う主婦の投稿がたくさんあります。

32歳、2人の子持ちの女性は、夫の転勤で仕事を辞めました。小学校に入ってから働こうと思っていました。

「でも、小学生になってからも基本的生活習慣を身につけさせ、宿題や勉強を私が家で見てあげられるよう家庭にいたいと思うようになってきました。いつからなら仕事ができるのか……？　小学校高学年？　でも、思春期こそ私が子どもの心に寄り添わなくてはならないのでは……？」と、迷いは続きます。しかし「子育てが一段落するまで待っている」ほど、ブランクは長くなり、状況は悪くなる。一刻も早く活動することが大事です。

いつまでも待っていると、誰もが知っているような企業で活躍していた女性でも、簡単に「年収100万の主婦パート」しかできない境遇となる。

彼女たちのようなこのケースは「離婚や夫の病気、リストラ、年収半減」などのリスクが発生しているわけではない。「切羽詰まって働かなくていい人の贅沢な悩み」と言えばそれまでですが、今どき一生働かなくていい人はいない。いつかは必ず働くことになります。そのときに慌てても遅いのです。

「夫によく言われます。お前、お金はまわってくるものだと思っているだろう。俺がガンとかになったらどうするのって」

と詩織さんは言います。

## 「働くお母さんのいる家」へのシフトチェンジ

キャリアのブランクが10年以上となれば、時給いくらの「賃仕事」とならざるをえない。本気でお金が必要なときに、時間給が低い仕事しかできないと、長時間労働で年収は低いワーキングプアとなる。主婦となってから年収300万円以上を回復するのは、かなり大変なのだと主婦の人たちの再就職事情を聞いていると実感します。

まずは「時間資源」を見直すところから始めてください。本気で働くなら「主婦としての時間を確保しながら」では難しい。主婦から「ワーキングマザー」になる必要があります。

ブランクが長いと「採用されにくい」という採用サイドの理由のほかに、もうひとつ仕事に復帰するなら早いほうがいい理由があります。**「専業主婦がいる家庭で」が基本形として成立すると、なかなかそこから「働くお母さんのいる家庭」にシフトチェンジできないのです。**

そのためには、覚悟と強い意志を持ち、家族の協力が不可欠でしょう。今まですっと「お母さんの都合」は後回しでしたが、「お母さんにも都合があるのだ」ということを家族にも理解してもらうしかありません。理解してもらうには、しっかり「お金を稼ぐ」という意識を持つこと。「これだけの時間を使って年収いくらになる。家計にはこれぐらいの効果がある」と自分も意識し、家族にも共有する。多くの人は「私が家事の合間にパートするお金なんかたいしたことはない」と思ってしまう。いくら一生懸命働いても、家に帰ればお母さんが以前と変わらずにいる状態では、夫にも子どもにも、仕事をしていることが見えない。女子大生にお母さんのインタビューをしてもらって、驚くことがあります。だいたいのお母さんは「正社員事務職→専業主婦→パート」の道をたどっていますが、女子大生たちは専業主婦になる前のお母さんの仕事をほとんど知らないのです。「お母さんがこんなにいろいろと仕事をしているって知らなかった」「お母さんが独身時代、有名企業で働いていたと聞いてびっくりした。お母さん＝仕事というイメージがなかった」と言います。これは主婦になりパートを始めてからも同様です。「主婦パートの仕事」は家族に認識されていないのです。

ぜひ、時給で月幾らではなく年単位で考えてみてください。今、男性の年収が100万上がるのは大変なこと。主婦が年100万稼ぐほうがずっと可能性がある。まずは幾らでも始めることです。

ブランクは短いほうがいい。本気でフルタイム正社員に戻りたいなら、3年ぐらいのブランクまででしょう。しかしブランクが長くても、「今」決意することです。早ければ早いほうがいい。働かないブランクがあればあるほど、大変になります。

本当にお金が必要になったときに慌てても遅いのです。

子どもがもう大学生ぐらいで、今さら正社員は……という人でも、ぜひパートで働いてみてください。50代、60代でも、妻に100万ぐらいの収入があるのとないのとでは、老後の蓄えが違うとファイナンシャル・プランナーの人がすすめていました。

一回辞めて正規雇用で復帰できる女性の条件は次の通りです。

・ブランクは短く（3年以内）
・派遣や契約など、まず働き始める（働く習慣と時間の確保）
・3、4年後の正社員を目指す
・働いていた間の人脈は切らさない
・常に働くことに前のめり。「働きたい」と周囲に伝えておく
・専門性を持つ

### もうひとつの働きたい事情「夫にバカにされたくない」

専業主婦が働きたいと思うとき、「お金」「子育てだけの生活から逃れたい」「自己実現」など、理由はいろいろです。もっとも切実なのはお金でしょう。中央大学の山田昌弘教授の調査によると「パート主婦のお給料の行き先はほとんど教育費」ということです。正社員共働きの妻がいてはじめて「家族のレジャー」などの余裕の部分になるのです。でも、それだけじゃない。

取材した2人の女性が「働きたい」という理由は「夫にバカにされたくない」というものでした。

取材した女性はともに男女雇用機会均等法以降で、企業の総合職女性の採用が本格的になった、90年代後半から2000年代に社会に出ています。男性と女性が同等に仕事をすることに慣れている世代です。

「結婚当初は子どもがいなくて、共働き。お給料も私のほうが高いぐらいだったし、家事も協力して、対等で幸せだったんです」

というのは、美枝子さん（仮名・41歳・子ども小1）。卒業後、大手の広告会社に就職し、7年目で結婚。同い年の夫はメーカーのサラリーマン。会社はワークライフバランスの制度を作り始めたところで、自分も参画し、もちろんずっと働き続けると思っていたそうです。

「でも夫の留学を機に、入社9年目に退職しました。そのときに妊娠していれば育休を2年とれたので、辞めなくてすんだのですが、妊娠は予定通りにはいかなかった。ちょうど30歳だったので、ここで2年別居生活をするべきか、迷ったんですけどね。でも英語をブラッシュアップできるいい機会だと前向きに辞めたんです」

皮肉なことにちょうど帰国した2年後に妊娠。再就職は夢となり、また海外へ。海外を転々としながら子育てし、帰国したばかり。

「気がついたら、9年も仕事から離れていて、本当に再就職は大変です。海外でできた友達の奥さんたちも、すごい学歴や前職の人がいたけれど、結局帰国してからはろくな仕事につけていない。やっと派遣で入った中小の会社で、自分より学歴も年齢も下の正社員にいじめられている人もいます。時給は安くても仕事ができるので、どんどん仕事が回ってきて激務だそうです。正社員で再就職できたのは国家資格、弁護士や会計士などの資格持ちだけです。弁護士だった奥さんは1年で海外でロースクールの資格がとれる外国人用のコースに行って、子どもも産んで、ちゃんとキャリアアップしていた。そんなコースがあることすら知らなかった。国家資格って本当に大事。大学時代に誰か教えてほしかったですよ」

働きたい一番の動機はお金ではない。専業主婦をバカにしている夫に対等に見てもらいたいからです。

「大卒でも派遣かパートしかない。私は2ヶ国語ができるし、時給1000円、1500円の仕事はあります。でも正直、時給1000円の仕事についても夫は家事もしてくれない。認めてくれない。今は資格をとるか、起業することも考えています」

結婚当初は自分のほうが年収も高かったし、TOEFLの点数も上だった。夫はやさしく家事もやってくれた。でもここ9年ですっかり変わってしまったのです。

「同じ大学の同期も、仕事を辞めて海外についていったら、今までは共働きで家事も当たり前にやっていた夫が急変した。『ルンバのボタンを押すのも嫌』と言われたそうです。うちも同じ。一回仕事を辞めるともうダメですね」

夫は今、管理職で、仕事も忙しくいつもピリピリしていると言います。

「私だって、働いていたから辛さはわかるよ」と美枝子さんがいたわったら、「お前なんか、ただの平社員だった経験しかないんだから、中間管理職の苦労はわからない」と切られられました。

「どっちが大変と言いだすと、もう泥仕合です」

美枝子さんは今真剣に難関国家資格の取得を検討しています。

「目指すは生涯現役です。駐在生活で奥さん同士お茶を飲んで、夫と子どもの話ばかりしていて、ハッと気づいたんです。これって老後じゃないかって。いずれ老後にやってくる生活を今しても仕方がない。もうこの世界はイヤだって」

前述の詩織さんも働きたいと思う理由は夫に見下されていることでした。

## 「夫はやさしいけれど、なんとなく専業主婦を下に見ています」

例えば詩織さんは人にプレゼントをあげるのが大好きで、夫のプレゼントも凝りに凝って選び、ラッピングなどにも気を使っています。でも「所詮俺のお金でしょう」と言われてしまう。豪華なご飯を作っても、美味しいとは言ってくれるが、「主婦なんだから、他にやることないでしょう」とも言われる。

## やはり、夫次第の主婦の幸せ

「夫は働くことに対して『精神的に応援はするけれど、物理的に無理』と言います。働くなら本気で家計に貢献しろと。責任を持たずに家事の協力だけを求めるのはダメだそうです。家のローンとかちゃんと出せと。それ以外は認めないって。私にはちょっと無理かな」

詩織さんのお母さんは専業主婦で、自分も憧れていたそうです。

「お父さんは専業主婦のお母さんをすごく尊敬していた。だから私も迷いなく仕事を辞めて専業主婦になったのですが、実際になってみると、主婦の幸せは夫次第ということがわかりました」

「女の幸せは夫次第」。「女の幸せは結婚」と言われた時代から、随分遠くまで来たはずなのに、やはりまだまだ「夫次第」なのでしょうか？　専業主婦としてやっていけるような男性と結婚し、子どもに恵まれ、今すぐに働く必要には迫られていない。はたから見たら幸福を絵に描いたような家族でも、夫に収入を依存している以上、妻の幸せは夫次第。今の男性たちはやさしくなり、「誰が稼いでいると思っているんだ！」などと言わない人も増えました。家事も手伝ってくれる。でもやっぱり妻の幸せは夫次第……このことに、男女平等教育を受け、男性と同等に働いた経験のある女性たちはなかなか満足できない。特に「夫は自分よりも仕事ができない」と知っている場合は。次の世代の女性のために、娘のために、そんな「幸せは夫次第」はそろそろやめにしませんか？

今「女性活躍推進」で行われているさまざまなことは、現役の働く女性たちのためだけではないんです。専業主婦の再社会化にも大いに役に立つこともあります。**何よりも今後は日本人に関してはずっと人手不足が続く。企業も「主**

**婦」という人材を活用したいと思っています。**「時間が細切れの主婦のための派遣」「正社員を目指すインターンシップ」「女性のための起業支援」も盛んです。「週3日でも優秀な人材を右腕として雇いたい」という中小企業のための右腕派遣という制度もありました。埼玉県では「育児や介護のために仕事をあきらめている人」のために「在宅ワーク支援」を推進しています。「4時間正社員」「6時間正社員」を打ち出すアパレルメーカー。多くのサービス産業が人材確保のために非正規社員を正社員として囲い込みにかかっています。時代は今動いているのです。

最初はたいしたお金にはならなくても、今始めることはできます。できない理由を数えずに、できるところから踏み出してみたらどうでしょう?

それが、次の世代の女性たちに、あなたの娘たちに、「女の幸せは夫次第」を言わせないための一歩なのです。

第5章

# 専業主婦が消える日

## 専業主婦をめぐる今

私は専業主婦の娘であり、ずっと専業主婦になるであろうと思って育ちました。友人たちはみな仕事を辞め専業主婦をしています。50代となった今も働いているのは、私の周りではほとんど独身か子どものいない友人だけです。私も実際に専業主婦になった期間が4年ほどあるのですが、結局のところ今のようなフリーの働き方をしています。

しかし今、後進の女性たちを「働くことが当たり前」と考える女性に育てたいと思っています。今の私のミッションは「産む×働く」女子とそのパートナーを育てることです。

専業主婦として家族に尽くした母を尊敬しているし、同様に友人たちも尊敬しています。しかし未来に向かう生き方として、是か非ではなく、現実的に「専業主婦＝誰かに養ってもらう」という生き方はもう女性にとって大変リスクがあり、またなることすら難しい「高嶺の花」「夢」となっているのです。なれたら非常にラッキーというところでしょう。

実際に専業主婦という存在自体がもう日本では少数派になっています。共働き夫婦のほうが片働き夫婦を上回ったのは１９９７年。その後ずっと増加傾向にあり、現在は57・０％が共働き世帯となっています。また女性の雇用も増加し、２０１３年の日本女性の労働力人口は２８０４万人と前年より38万人増加しています。しかしこの数字にはマジックがあり、増加の内訳は非正規雇用、つまりパートなどで、その割合は男性21・０％に対して55・８％。前年よりも１・３ポイント上昇しています。共働き世代にしても、正社員共働きではなく年収１００万円前後のパートで働く主婦と正社員の夫の組み合わせが多数派を占めます。実際に正社員共働き夫婦はどの年代でも15％程度だそうです。

本書での専業主婦という言葉は、純粋な専業主婦ではなく、「配偶者控除」の範囲内の年収１０３万円、１３０万円で働くパート主婦も含めてのことです。つまり「夫にほとんどの生計を依存し、経済的な自立が不可能な女性」という意味です。なぜパート主婦も含めるのかというと、彼女たちが今１００万しか稼げないのも、子育てで無業になる＝専業主婦になるという選択をした「元専業主婦」だからです。

今の女子大生のお母さん世代、1980年代から90年代初めに社会に出た日本女性のライフコースは、先に述べたように「正社員→専業主婦→パート主婦」です。87年には学校を卒業した女性の8割が正規雇用でした。しかしそれは「結婚退職を前提とした社員のお嫁さん候補」であり「短期の就労をする事務職」だったのです。その後94年から2004年は不況の就職氷河期時代となり、卒業後、正規社員になることすら難しい女性が増えました。非正規では出産したら仕事を続けることはますます難しい。「非正規→専業主婦→パート主婦」という女性も増えているはずです。つまり、日本は純粋な専業主婦は減ったけれど、「専業主婦＝パートをしながら、夫にメインの収入を依存する主婦」が多いということになります。そして今は、その生き方には大きなリスクが伴うのです。

## 専業主婦はなくなる仕事

**専業主婦というと「裕福で羨ましい」というイメージもありましたが、今一番裕福なのは「正社員共働き夫婦」です。**専業主婦世帯も二極化しており、「夫に十分な年収があって働く必要がない専業主婦」世帯と「学歴や経済的な資本がなく、子どもが小さいうちは働くことすらできない専業主婦」世帯に分かれます。

未婚女性たちが憧れるのは、「生活が苦しい専業主婦」ではなく「裕福な専業主婦」ですが、そうなれるチャンスは非常に限られているし、目指すことすらリスクがある。目指すほど晩婚になり、果ては非婚になります。それは「中流男性の没落」「男性不況」のせいです。

専門家による予測「２０２０年、なくなる仕事」の中に「参議院議員」「中間管理職」「レンタルビデオ」「一般事務、秘書」と並んで「専業主婦」がランクインしていました。それは女性活躍推進が進み「働きたい女性の願望が叶えられる」という意味だけではなく、「働きたくない女性も生活のために共働きする」ということです。専業主婦はごく一部の裕福な人たちだけの特権になり、ほとんどが消滅する。そんな日が東京オリンピックの頃にはやってくるのかもしれません。

「夫は外で働き、妻は家庭を守るべきである」という考え方について、最新の調査（2014年）では前回調査とは反転する結果となりました。前回の調査結果（2012年10月調査結果をいう）と比較してみると、「賛成」（51・6%↓44・6%）とする者の割合が低下し、「反対」（45・1%↓49・1%）とする者の割合が上昇しています。年代別に見ると、特に保守化したと言われていた20代が再び反対多数となったことは興味深いです。景気の動向、そして、男性は「ひとりの働きでは一家を養えない」、女性は「男性だけに頼っても、もうダメかもしれない」という現実認識が20代の結果を導いたのではないかと思います。（「女性の活躍推進に関する世論調査2　調査結果の概要」内閣府）

## 結婚だけではもう食べられません

専業主婦が消滅の危機となるのは、やはり「専業主婦を養える男性」が激減する、産業構造の変化にあります。

女性活躍を力強く推進するカルビーの松本晃会長にインタビューしたときに、会長がこう言っていました。

「昔は、例えば35歳から40歳ぐらいの男は700万円ぐらい稼いでいた。それで奥さんは働かなくてすんだ。今いくら稼いでいるかというと、男450万、女250万で足して700万円。こんな家族が一般化してきたんです。そうすると、450万しかもらってないんだから威張るなと。もっと家の仕事やれということになる。世界との競争が始まったから、昔みたいに男だけにたくさん払うことはできない。これは日本の企業全体の問題です。夫婦で働いて、足して生活をやっていくしか手がないんです」（「プレジデントオンライン」2014年8月26日）

また、経団連のある偉い方と会ったときにはこんな会話がありました。

「女性を雇い続けるか、男性のお給料を2倍にしないと、子育てできない。少子化もとまらないです」

と私が言うと「いやあ、男性の給料を2倍にはできないね」ということでした。

日本の企業のトップはもう「トップのCEOなどを除く社員のお給料はそれほど高くならない」とわかっているのです。

35歳男性の年収の中央値はこの10年で100万以上下がっています。年収600万円以上の独身男性はわずか100人に5人。400万円以上でも4人にひとりです。

**この現象は日本だけのものではありません。すでに欧米では「中流男性の没落」が進み、男性が一家を養うという形が不可能になりました。**しかし同時に女性の社会進出が進んだ国は「男女がともに働き子育てをする」ことが可能になり、少子化を克服していきます。女性の活躍できない国ほど少子化になっているのはそのためです。

日本は「中流男性の没落」が進む速度に、女性の社会進出が追いついていかなかったのです。

「没落」の原因は、「雇用が安定しない若い世代が急増したこと」そして「産業構造の変化」です。1997年から男性不況はすでに起きています。男性が長時間働いて高い給与を得やすかった「製造業」などの拠点が海外に出てしまい、日本でこれから伸びるのは女性が有利な分野です。パソコンでするような仕事には男女差はなく、コミュニケーション能力が必要なサービス業は女性が有利です。少子高齢化の日本で伸びる分野は医療、介護など、女性が活躍しやすい分野です。また働く女性が増えると働く女性を助ける仕事が活況となる。保育や教育などです。

高度成長期との一番の違いは、「この男性と結婚したら、いずれお給料が上がって楽になる」という希望を持てないことです。また「結婚＝永久就職」という安定感も、高度成長期のサラリーマンの「年功序列、終身雇用」に支えられていたもの。**これから結婚、子育てを望む人こそ「働き続けることが大切」で、**

「結婚だけではもう食べられない」ということをぜひ知ってほしいのです。

## 専業主婦のリスクとは？

この本ではしつこいほど触れている専業主婦のリスクをまとめてみましょう。リスクは「結婚前」「結婚後」の2種類があります。

ひとつは結婚前のリスクです。

専業主婦を目指すと結婚が遅くなる、または永久に婚活する危険性があるのです。

婚活を提唱し、多くの結婚したい女性を取材してきましたが、年収の高い総合職の女性か、非正規で自宅にパラサイトしている女性かにかかわらず、「養ってくれる人を求めているから結婚できない」という実態があります。

年収の高い女性は共働きするか、自分より年収の低い男性と結婚すればいいのではないかと思いますよね？

しかし女性たちは働きたい、働きたくないにかかわらず「出産したら辞めるかもしれない」という不安を常に抱えている。年収も高くやりがいのある仕事についている女性ほど、今まで得たものと引き換えにするような結婚相手に出会えません。

結果的に「出産したら一時的に専業主婦になる」を目指すほど結婚できなくなります。

婚活にはいくらやっても限界があります。「養ってほしい女性の数に対して、養える、または養う気のある男性の数が少ない」という単純な数の問題です。どんなに女子力をあげて、婚活の術を磨いたとしても、数の問題の前には太刀打ちできません。**「結婚できないこと」……これが「専業主婦を目指すことのリスクです。**

また一番結婚しやすいのは年収３００万円以上の正規職の人です（「結婚・家族形成に関する調査報告書　２０１１年３月」内閣府）。いずれ結婚するのだから、パートやアルバイトでもいいという考え方はむしろ結婚を遠ざけます。

最近は「パワーカップル」と言われ、大卒の高学歴高収入同士のカップルの女性が仕事を辞めないことで、「夫婦格差」が一層開いていくと言われています。以前は高収入のカップルも女性が仕事を辞めることで、夫婦になればそれほど格差はなかったのですが、今は違います。2人とも高収入のカップルと、2人とも非正規のカップルでは大きな差がついてしまいます。医者と結婚するのは医者。商社マンの妻になるのは、一般事務職ではなく総合職で入社した女性。そういう時代が来ています。

結婚というハードルを越えるためにも、しっかり働くことが必要です。

第1のリスク（結婚前）
「専業主婦になりたい」を目標にすると結婚相手が見つからない
↓晩婚？ または永久婚活
結婚ゾーンの男女は年収300万円以上の正規職
（「結婚・家族形成に関する調査報告書 2011年3月」 内閣府）

第2のリスクは結婚後にやってきます。専業主婦はこの2大リスクに対処できないのです。

> 第2のリスク（結婚後）
> 専業主婦の2大リスクに対処できない
> ・離婚（8割が養育費をもらっていない）
> ・夫のリストラ・給与カット

**シングルマザーの貧困**

離婚は日本では大きなリスクになります。少子化を克服している北欧、フランスなどは「別れてまた新しい人とカップルになる」ことで逆に子どもが増えています。別れるリスクを気にせず、子どもも持てる。社会が「子育てをがっちり下支え」しているからです。一方、日本の子どもとシングルマザーの貧困率は先進国の中では異例の高さです。今の社会保障システムは家族を単位としており、離婚や非婚で家族という単位から外れた人には対処していないことが多い。これは今後の家族政策の大きな課題だと思います。

3組に1組が離婚する日本ですが、6割が子どもがいて離婚しています。そして8割が養育費をもらっていません（養育費や面会権など、ちゃんとした取り決めをせずに離婚できてしまうのが日本のシステムです）。

仕事を辞めてしまってからの離婚となると、子どもを抱えて生計をたてるための仕事を得るのは困難な道のりとなります。最近30代の離婚が増えており、子どもがまだ小さなうちにシングルマザーとなる場合も増えている。子どもを抱えて働く時間に制限があることで短時間しか働けない。「子どもが熱を出したときに見てくれる人はいるの？」などと聞かれると、就労することすら厳しい状況があります。

**5割以上のシングルマザーが「相対的貧困」、つまり平均的な所得の半分以**

**下の所得しか得られない状況です。**２０１２年の場合でいうと、所得が１２２万円未満の人たちがこれに当たります。そして今「子どものいる８世帯に１世帯がひとり親世帯」です（『シングルマザーの貧困』水無田気流／光文社新書）。日本の子どもの貧困率は２０１２年に16・３％と過去最悪を更新していますが、これは母子世帯の多くが非正規の不安定な就労であることが原因です。

もうひとつのリスクは、夫のみの片働き家庭に起こりやすいリスク。夫の会社の倒産、または夫自身の病気やリストラ、または給与カットです。「年収が１００万低くなった」などという話は普通に聞く時代です。広島のある会社は「子育てしやすい企業」で様々な賞をもらっています。ついに「毎日をノー残業デー」にしました。若い共働き世帯には好評ですが、中堅の片働き世帯からは残業代がないと苦しいというブーイングがあったそうです。

一家のエンジンはもう、一機より二機のほうがいい。片方がとまっても、なんとか一方で動き続けることができるからです。

## 「貧困女性」を量産する日本のシステム

「子育て期だけでも専業主婦に」と望むことは、流動化の激しい現代では、結婚前にも結婚後にもリスクをはらんでいる。私が若い女性たちに「働き続けましょう」と叱咤激励するのは「女性の貧困防止」という意味もあります。地方では親の家に住み、非正規の仕事をして、婚活している女性にたくさん会います。彼女たちは「養ってくれる王子様」を待っています。

単身で暮らす64歳までの女性の3人にひとりは相対的貧困ラインを切っています。

そして何よりも大きな専業主婦のリスクは老後です。今65歳以上の単身で暮らす女性の2人にひとりが貧困です。65歳以上といえば、日本人の98%が結婚していた世代。夫も子どももいるはず。しかしそんな彼女たちが夫が死んだ後、または離婚した後、簡単に貧困になってしまう。もちろん子育て後は非正規、パートなどで働いているでしょうが、それでもこの貧困率です。養ってくれるはずの夫は「自分が死んだ後の分までは稼いでくれていなかった」ということです。

**戦後の専業主婦システムは、実は「貧困女性」を量産する恐ろしいシステムだったのではと思います。**

学生にお母さんのインタビューをさせると、子どもが小さな頃は専業主婦だった人が今はなんらかの形で働いています。お母さんの「今の不安」を聞いてもらうと「あなたの学費と老後」と答える。

専業主婦になるという幸福は、女性から「自分の老後の財産を自分で築く権利も奪う」という落とし穴があるのです。

## 未婚化晩婚化、少子化をひきおこす「専業主婦システム」

最近、「若年女性の貧困」も話題になっていますが、家もなく、友達の家を転々とし、年収も100万を切っている若い女性たちがいるのです。彼女たちの貧困は「仕事が不安定な非正規」という事情と「親との関係が壊れていて頼れない」という関係性の貧困という事情があります。

シングルマザーや、若い未婚女性、単身の65歳以上の女性……この「女性が貧困に陥りやすいシステム」の原因は、「女性はやがて専業主婦になるもの＝養ってくれる人がいる」ことが前提という日本の社会保障や仕事のあり方です。むかしは通用していたモデルが今は通用しなくなってしまいました。

養ってくれる人がいるから「女性の仕事は不安定でいいよね？」という基本が、女性たちを簡単に貧困に追いやります。女性たちの「意識」もありますが、「働き方」も問題です。女性が生きるために必要とする「両立ができて安定した仕事」がないのです。

あるのは「両立できないハードな正社員」や、養ってくれる人がいないと生きられない「不安定、低賃金、出産で辞めざるを得ない」仕事です。

今、地域から20代、30代の女性が流出することが、人口減少、消滅する市町村の原因とされ、話題になっています。私も「消滅する」と名指しされた市町村に呼ばれてお話をすることが多いのですが、いつも「女性を嫁に来させる努力より、女性の雇用を増やして定住してもらったところが10年後には勝つ」と言っています。

なぜなら今の仕事が不安定な女性は「仕事→結婚」ではなく「不安定な仕事→安定した仕事」を求めて地元を出て行くからです。

首都大学東京の江原由美子教授も「未婚化、晩婚化、少子化の原因は、女性労働の家族依存モデルにもとづいた女性の不安定な雇用」と言っています。

こうして考えて行くと、雇用主である「企業」が変わらない限り、OECD（経済協力開発機構）諸国の中でも飛びぬけて高い女性の貧困率や、少子化もとまらないのだとわかります。

## なぜ専業主婦は論争となるのか？

配偶者控除と3号年金（第3号被保険者）の問題を取り上げます。配偶者控除廃止は、「中立的な税制」「女性の活躍を阻害している」と、議論の俎上に上がりますが、まだ大きな進展は見られません。少なくとも安倍内閣で議論の俎上に載せたことだけでも、すごい変化だと思っています。

２０１４年度の「女性が輝く社会のあり方研究会」の委員になったとき、専門家の先生が来て話を聞き、わかったことがあります。３号年金も、そろそろ廃止に……とずっと言われていますが、あれが廃止にならないのは「政治的判断」だそうです。

３号年金の恩恵にあずかる人は９８０万人。そして、律儀に投票してくれる熟年以上の世代が多い。すでに10年前に専門家が討議し、生活が苦しくなる人が出ないように代替案も準備し、提案するのを待つばかりになっていたのに「選挙が近いからダメだよ」という政治家のひと言で、なかったことになったようです。

このニュースが出るたびに「専業主婦の権利を奪う」「専業主婦叩き」と論争になり、いわゆる炎上状態が起こります。なぜこれほど「専業主婦をめぐる議論は感情的なのか？」といつも思いますが、その答えもわかりました。専門家がこんなことを教えてくれました。

「どんなに経済通で合理的な考え方をする男性でも、この問題になると急に感情的になって『専業主婦の権利を守る』と熱くなる人がいるんですよ」

**察するに、「専業主婦」問題は男性にとって「守るべき母像」と直結しているのでしょう。それでは女性はどう考えているのか？**

## 働く権利と働かない権利

この問題を考えるとき、いつも思うのは「日本の女性は働かない権利があると思っているのではないか？」ということです。なぜ働かない権利なのか……それは「良妻賢母像の重さ」です。長い間、「良き母、良き妻として良き家庭を作る」ために「我慢」してきたのが日本の専業主婦です。ある経済学者が「小さな子どもがいるときに、家庭にひとり専業主婦の役割を担う人がいると、300万から400万円の価値があるのでは？」と言っていましたが、専業主婦はその価値ある労働を無償で引き受けてきたわけです。

家事、育児、介護、夫の世話などの実働だけではありません。一番犠牲にするものは「時間財」です。子どもが小さな間は特に専業主婦の時間は細切れです。夫の都合、子どもの都合で切れ切れの時間しかない。自分の時間を自由に使えないというのは、非常に大きなことでしょう。当たり前にやっている方が多いので申し訳ないのですが、「私は専業主婦には向いていないなあ」とすぐに見切りをつけました。

専業主婦の仕事は「時間を人のために使うこと」です。夕ご飯を準備して夫を待つ、家に修理の人が来るのを待つ、さまざまな待機時間が多く、これに子どもが加われば、さらに多くの時間が費やされる。子どもが寝静まってくれるのを待つ。子どもが学校から帰るのを待つ。塾に送り、また塾が終わるのを待つ。そして介護が始まれば、果てしない介護の終わりまでを待つのです。

それだけの大変な犠牲を引き受けるのだから、「外で働かない権利がある」という主張をする方がいたら、非常にうなずけます。

特に「良妻賢母」の「賢母」の部分の縛りは非常に大きい。多くの女性が「子どもが欲しい」と回答しつつも、「子育てだけの生活には閉塞感を覚える」と同じアンケートで答えていました。

出生率と正の相関を見せるのは「女性の活躍」と「男性の家事育児参加時間」ですが、さらに面白いデータがあります。「良妻賢母が好きでない国のほうが出生率が高い」というものです（ニッセイ基礎研究所・天野馨南子「研究員の眼」　2014年11月4日）。

30代のワーキングマザーたちがよく口にするのは、「仕事も子育てもちゃんと」という言葉です。つまり「子育てする母」としても「良き会社員」としても批判されたくないのです。働きつつも良妻賢母になろうとする。この思想はワーキングマザーの葛藤とも直結しています。

良妻賢母として「長い長い我慢」の積み重ねを思えば「私たちの権利を奪うな」と配偶者控除や第3号被保険者問題の論争が白熱しても無理はありません。

**未来へ向かうために**

フランスでは「主婦が減って子どもが増える」という方向で、出生率が上がりました。

日本はいったいどこを目指すのか?

私は「いつでも誰でも子どもを預けられる良質な保育所があること」「小さな子どもがいる男女の仕事は4時、少なくとも5時で終わること」「9時から5時の、そう高収入ではないが安定した中時間労働の仕事が増えること」が何かを変えると思っています。

動くべきは女性だけでなく、まずは「企業」、そして国。3つが一体となって、変化して初めてうまくいく。女性だけの「がんばり」は限界にきています。男性や企業は全く変わらず「女性だけ活躍してね」は、あまりに虫がいい話です。

「変化が起きるときには必ず犠牲がつきもの」とある人に言われました。この国では今大きなシフトが起きようとしています。その核となるのが「ワーキングマザー」です。ずっと昭和の成功体験をひきずってきた「働き方」「子育て」「家族のあり方」を変える最大のエンジンが彼女たちです。

しかしその変化は犠牲を伴う。時代の変化に取り残されそうな人は「変化」

**働く女性が増えるとさまざまな社会問題が解決する**

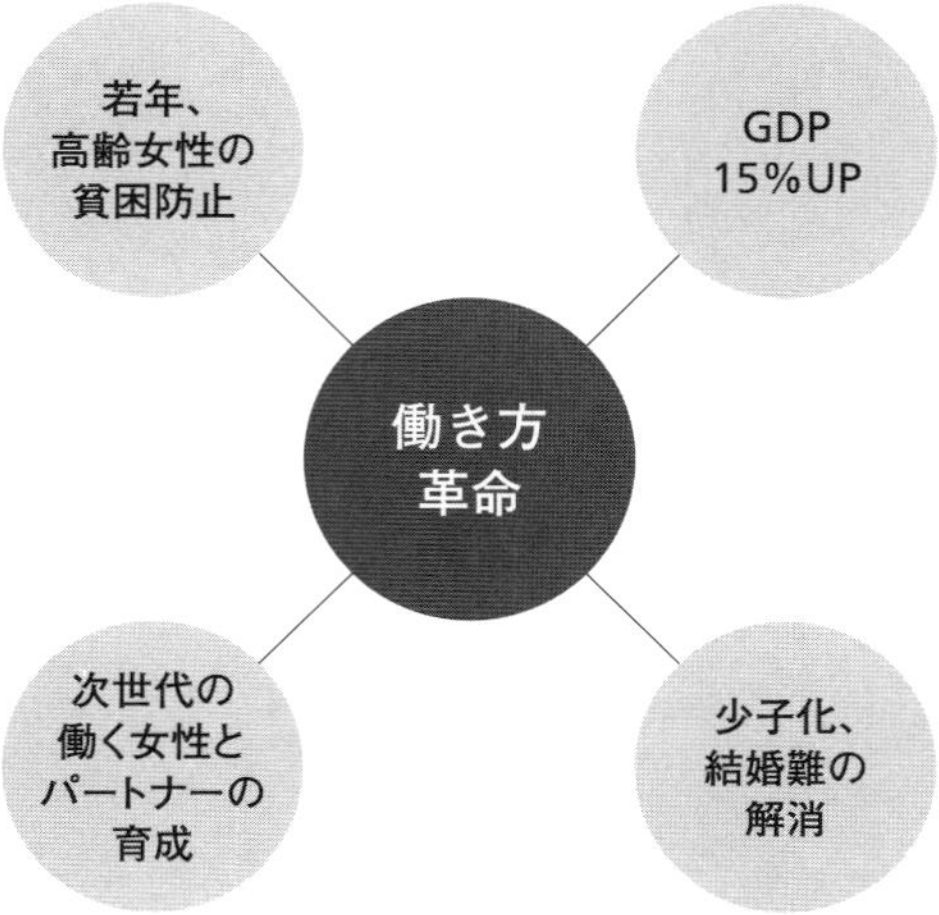

を嫌い、反対します。だから「犠牲を最小限にする」ために、なるべくたくさんの取り残されそうな人の手をとって、未来に向かわなければ、改革は失敗します。

もしかしたら、次の時代に向かって犠牲になるのは、専業主婦という存在かもしれない。今、専業主婦だった人が再び働くことは、大きな社会の歯車を進める力になるはずです。

**一部の本当に裕福な人、ご家族や自分の病気等の事情がある方は別として、専業主婦が減り、働く女性が増えることでさまざまな変化が起きると信じています。**「ＧＤＰアップ」「少子化、結婚難の解消」「若年、高齢女性の貧困防止」「働く次世代の育成」そして「働き方革命」。今まで私たちをはぐくんでくれた母なる専業主婦という存在に大きな感謝と尊敬をささげ、そして勇気を持って別れを告げ、未来へと向かうときが来ているのではないでしょうか。

# 格付けしあう女たち

## 「女子カースト」の実態

白河 桃子

「八千円のランチに行けるか、行けないか」で「ママカースト」が決まる!? 女性の間に生まれる「カースト」の苦しみは、社会的な成功だけでなく「女としての幸せ」というダブルスタンダードで計られることにある。「恋愛・婚活カースト」や「女子大生カースト」、「オフィスカースト」などの「女子カースト」の実態と対処法を探ると共に、そこから見える旧態依然とした会社組織や貧困、シングルマザーなどの日本の課題点に迫る。

## 本当は怖い小学一年生

汐見稔幸

なんのために勉強するのかわからない。そもそも授業がつまらない。親の過剰な期待に振り回されている。——「小一プロブレム」と呼ばれ、小学校低学年の教室で起こるさまざまな問題は、じつは「学びの面白さを感じられない」子どもたちからの違和感や抵抗のあらわれだ。子どもの可能性を引き出すために、今必要なものは何か。教育、子育てへの提言。

本書は２０１１年12月5日に講談社より刊行された単行本『専業主婦に、なりたい⁉』を、改題、加筆、修正して新書化いたしました。

白河桃子《しらかわ・とうこ》

東京都生まれ。慶應大学文学部卒。少子化ジャーナリスト、作家、相模女子大学客員教授。内閣府「新たな少子化社会政策大綱」有識者委員。山田昌弘中央大教授とともに「婚活」を提唱。著書に、『「婚活」症候群』(ディスカヴァー携書)、『格付けしあう女たち』(ポプラ新書)、『「産む」と「働く」の教科書』(講談社)などがある。

ポプラ新書

049

専業主婦になりたい女たち

2014年12月1日 第1刷発行

著者
白河桃子

発行者
奥村 傳

編集
木村やえ

発行所
株式会社 ポプラ社
〒160-8565 東京都新宿区大京町22-1
電話 03-3357-2212(営業) 03-3357-2305(編集) 0120-666-553(お客様相談室)
FAX 03-3359-2359(ご注文)
振替 00140-3-149271
一般書編集局ホームページ http://www.poplarbeech.com/

ブックデザイン
鈴木成一デザイン室

印刷・製本
図書印刷株式会社


N.D.C.367/254P/18cm ISBN978-4-591-14252-3

# 生きるとは共に未来を語ること　共に希望を語ること

昭和二十二年、ポプラ社は、戦後の荒廃した東京の焼け跡を目のあたりにし、次の世代の日本を創るべき子どもたちが、ポプラ（白楊）の樹のように、まっすぐにすくすくと成長することを願って、児童図書専門出版社として創業いたしました。

創業以来、すでに六十六年の歳月が経ち、何人たりとも予測できない不透明な世界が出現してしまいました。

この未曾有の混迷と閉塞感におおいつくされた日本の現状を鑑みるにつけ、私どもは出版人としていかなる国家像、いかなる日本人像、そしてグローバル化しボーダレス化した世界的状況の裡で、いかなる人類像を創造しなければならないかという、大命題に応えるべく、強靭な志をもち、共に未来を語り共に希望を語りあえる状況を創ることこそ、私どもに課せられた最大の使命だと考えます。

ポプラ社は創業の原点にもどり、人々がすこやかにすくすくと、生きる喜びを感じられる世界を実現させることに希いと祈りをこめて、ここにポプラ新書を創刊するものです。

## 未来への挑戦！

平成二十五年　九月吉日　　株式会社ポプラ社